힐링을 위한

# 머니
# 레시피

쉽게 따라해보는 달콤한 재테크 매뉴얼

**임형석** 저

힐링을 위한

# 머니 레시피

◼

쉽게 따라해보는
달콤한 재테크 매뉴얼

ℙ 프로방스

# ■ 차 례

# "이 책은 돈 관리를 하기 위해 어디서부터 어떻게 시작해야 할지를 알려주고있다"

아직까지 긴 인생을 살아왔다고 하기에는 이른 나이라고 생각하지만, 지금까지 많은 사람들이 돈 때문에 울고 웃는 것을 보았다. 보통 살면서 실수를 줄이는 가장 좋은 방법은 경험자들에게 미리 자문을 구하는 방법일 것이다. 그런데 아이러니하게도 주변 지인들이 경험을 토대로 알려준 정답대로 실행해보아도 늘 문제가 여기저기서 터지게 된다. 결국 그 조언들이 정답이 아니었다는 결론 밖에 나오질 않는다. 그 경험자들의 지식 탓이라기 보다는 그만큼 금융이란 것이 시간이 지나면서 변화무쌍하게 변하기 때문인 듯 하다. 예전에 정답이라고 여겨졌던 것들이 시간이 지나면서 오답들로 바뀐 것이다. 가장 대표적인 예로 옛날에는 은행의 예적금만으로 저축해도 충분히 자산을 모을 수 있었는데, 요즘과 같은 저금리 시대 속에서 예적금만 활용했다가는 자산이 모이기는커녕 물가상승으로 인해 자산 가치가 후퇴되는 사태까지 벌어진다.

결국 이런 문제들을 해결하기 위해서는 금융 지식이 해박한 전문가들에게 조언을 구하거나, 전문 서적 등을 참고해야 할 것이다. 하지만 실제로 책을 참고해서 다양한 투자를 해 보았는데 결과적으로는 손실만 남게 되는 경우도 있고, 그래서 소위 금융 전문가라는 사람들에게 도움을 청했는데 도움을 얻기는커녕 손해를 보는 경우도 있다. 필자는 이런 문제들이 발생하는 공통적인 이유가 무분별하게 금융 정보를 접하기 때문이라고 생각한다. 그렇다면 이를 위한 해결책은 결국 '기준'이다. 수많은 금융 정보를 접하기 전에 돈 관리를 위한 자신만의 기준을 체계적으로 정리해 놓는다면 내가 활용할 정보와 버려야 할 정보를 잘 골라낼 수 있을 것이다.

이 책의 내용이 바로 여러분에게 그 기준을 세울 수 있는 방법을 제시하고 있다. 하지만 이것 만으로는 부족하다. 이 책은 여러분이 돈 관리를 하기 위해 어디서부터 어떻게 시작해야 할지를 알려주기 위한 절차를 아래와 같은 순서대로 안내해 주고 있다.

Step 1) 재무목표 세우기

Step 2) 재무현황 파악하기

Step 3) 재무현황 분석 및 평가하기

Step 4) 재무 포트폴리오 만들기

Step 5) 실행 및 모니터링 하기

위와 같이, 돈 관리 방법을 절차 별로 설명하였고, 각 내용에서 여러분이 돈을 효율적으로 관리하기 위해 어떤 금융상품을 활용할 수 있는지를 설명하기 위해 각 금융상품들에 대한 장단점을 설명해 놓았다.

우리가 아무리 좋은 재료들을 가지고 요리를 하더라도 완성할 요리에 어울리는 재료들을 사용하지 못한다면 결국 예상과는 다른 엉터리 요리가 완성되고 말 것이다. 따라서 우리는 각 요리에 맞게 사용해야 할 재료를 잘 골라내야 할 것이고, 이에 알맞은 레시피대로 요리를 수행해 나가야 할 것이다. 그러므로 이 책에서 소개하는 내용대로 잘 따라 하면 여러분 각자 자신의 성향이나 니즈에 맞는 금융상품을 활용할 수 있는 방법에 대해 터득해 낼 수 있을 것이고, 여러분이 원했던 삶에 한걸음 더 다가갈 수 있을 것이다.

이 책은 돈에 대한 문제로 고민하는 분들과 필자를 믿고 상담에 임해주신 고객 분들을 위해 집필되었다. 지금까지 수많은 고객 분들과 상담을 해왔고, 고객 분들의 도움이 없었다면 아마 이 책의 내용은 절대 완성될 수 없었을 것이다. 이 기회를 빌어서 필자인 임형석 재무상담사의 모든 고객 분들에게 깊은 감사의 뜻을 전한다.

그리고 자산관리 분야에 처음 입문하면서부터 지금까지 늘 아낌없는 조언을 주시는 AIA생명의 양진용 MP님과 금융에 관한 다양한 지식을 얻기까지 많은 도움을 주시는 한국재무설계의 김현용 팀장님을 포함하여 한국재무설계 재직 당시 함께 했던 동료 분들께 감사의 말씀을 올리고 싶고, 한국금융교육자문의 지세훈 대표님, 이헌석세무사사무소의 이헌석 세무사님, 네이버 카페 '재무마스터'의 운영자이신 택스라이프의 장훈 세무사님께 감사의 말씀을 올리고 싶다.

그리고 필자가 이 업을 처음 시작하였을 때 많은 힘을 주었던 소중한 내 친구들, 선후배님들께도 감사의 말씀을 올리고 싶다.

마지막으로 사랑하는 우리 가족인 아버지, 어머니, 그리고 동생 수연이, 효은이 이모, 할머니에게도 감사의 말씀을 올리며, 다시 한번 사랑한다는 뜻을 전하고 싶다.

저자 **임형석** 올림

머니 레시피

Part

# 01

## 힐링이 필요해

Chapter

# 01

# 무엇이 당신을 지치게
# 하는가?

■

## 대한민국에서 살아가는 인생이란?

임 모씨, 대학생활을 열심히 지낸 결과 드디어 그토록 바라던 취업에 성공하게 되었다. 첫 직장에 입사한 후 학생시절 동안 돈을 벌어서 하고 싶었던 것들을 하나 둘씩 이루어보기 시작한다. 갖고 싶었던 것들을 마음껏 사보고, 부담돼서 먹지 못했던 음식들도 마음껏 먹어본다. 그리고 학생 때와 주머니 사정이 달라지다 보니 가보고 싶었던 곳도 슬슬 가볼 수 있겠구나 하는 마음의 여유가 생기기 시작하여 시간 날 때마다 바로 실행에 옮기곤 한다. 이러는 와중에 결국 모이는 돈이 없어서 찜찜하긴 하지만, 이것은 나를 위한 투자라는 마음으로 스스로를 달래곤 한다.

이렇게 자신의 삶에 열중하는 와중에 사랑하는 사람도 만나게 되고, 임 모씨는 어느덧 결혼할 시기에 접어들게 되었다. 늘 '나를 위한 투자'를 하느라 모아놓은 돈은 별로 없지만 이 여자만큼은 절대 놓치고 싶지 않다. 그래서 임 모씨는 결심한다. 인생의 첫 번째 대출을 활용해보기로. 그런데 어디 인생이 그렇게 호락호락했던가? 최대 한도까지 대출을 끌어 쓴다 하더라도 생각했던 것만큼의 결혼식은 꿈도 못 꾼다. 친한 선배가 돈 때문에 사랑을 놓쳤다던 그 이야기가 왠지 남일 같지만은 않을 것 같아 보인다. 결국 임 모씨는 무거운 마음을 이끌며 부모님 댁으로 향한다.

임 모씨의 아버지는 한 평생 그 누구보다 열심히 사셨고 그 자부심 하나로 지금까지 그 어떤 역경도 이겨내셨던 분이다. 그런데 오늘은 왠지 안색이 좋지 않으시다. 평정심을 유지하시는 듯 하지만 그 작은 동공 안에 근심 어린 눈빛이 역력하시고 주름 사이로 걱정스러운 표정이 보일 듯 말 듯 하다. 하지만 이번 한번만큼만 이기적인 아들이 되기로 마음먹고 이왕 결정한 거 밀어붙여보기로 한다. 결국 마무리는 부자간의 싸움으로 끝난다. 서로에게 상처만 남긴 채.

그래도 옛 말에 자식 이기는 부모가 없다고 하지 않던가? 이틀 뒤에 부모님으로부터 결혼을 승낙하는 전화 한 통화를 받게 되고, 임 모씨는 바로 속전속결로 결혼준비를 진행하기 시작한다.

처음에 생각했던 것처럼 화려하지는 않지만 보통 남들이 한다는 것만큼의 결혼식이 진행되었고, 예상했던 것 보다 많이 비좁고 심지어 자신의 것 조차도 아니지만 이제는 데이트 후 헤어지지 않고 함께 들어갈 수 있는 집이 생겼다는 것이 너무 행복하다. 하지만 그 행복도 잠시뿐, 2년 뒤에는 어디로 이사가야 할 지가 벌써부터 걱정이다. 갚아야 할 빚도 만만치 않은데..

결혼하기 전에 부모님께 상처를 안겨드렸던 기억을 늘 되새기며 꼭 열심히 살아서 보답해야겠다는 일념으로 새내기 임 모씨 부부는 열심히 돈을 벌었고, 우선 빚을 갚아야 한다는 마음에 허리띠를 졸라매고 또 졸라매가며 목돈을 마련해갔다. 그리고 얼마 지나지 않아 예상치 못한 방법(?)으로 부모님께 보답할 기회가 생기게 되었다. 아기가 생긴 것이다.

부모님들께서도 언제 속 썩였냐는 듯이 아기 소식에 마냥 싱글벙글 이시다. 물론 임 모씨 부부도 행복하지만 그 행복에 가려진 근심 한가지가 이 순간의 흥을 단숨에 깨어 버린다. 아직 빚을 다 갚지 못한 것이다. 그리고 이사할 시기도 점점 코 앞으로 다가오고 있었다. 어쨌던 이미 벌어진 일이니 더 이 악물고 열심히 살아보자는 결심을 한다.

고생한 보람이 있나 보다. 최대한 절약하면서 대출도 조금씩 갚아나가고 2년에 한번씩 메뚜기처럼 여기저기 이사 다니는 것도 어느덧 익숙해져 갔다. 그리고 그런 분주한 상황 속에서도 우리 아이는 사고 한 번 안치고 주위 어른들로부터 칭찬이 자자한 착하고 든든한 아이로 성장해가고 있었다. 빚도 거의 다 갚아가고 있으니 이제 걱정 근심 모두 떨쳐버리고 행복해질 일만 남은 듯 하다. 기쁘다. 그러나 아직 시련은 끝나지 않았었다.

　이제 내 집을 구할 때가 된 것 같다. 빚은 다 갚았지만 그 동안 아이 키우고 이런저런 생활비가 들어가다 보니 결국 남은 자산이라고는 전세보증금뿐이었다. 이 돈으로 집을 사려니 만만치 않다. 그리고 아이 학군까지 생각해보면 내 집 마련을 결정하기 위한 옵션이 하나 둘씩 더 늘어만 가는 것 같다. 한달 뒤 마침 내 임 모씨 부부는 좋은 집을 하나 찾았는데 집 가격에 비해 가지고 있는 돈이 부족하다. 하지만 대출을 다시 활용하면 승산이 있을 것 같고 머뭇거리다가는 이마저 놓칠 것 같은 두려움에 바로 실행에 옮기기로 한다.

　드디어 남의 눈치보지 않고 편안히 살 집을 장만하게 되었다. 결혼을 마음 먹었을 때 신혼 집과 돈 문제로 고생했던 것을 돌이켜 보면 가슴이 먹먹해지기까지 하다. 그러나 기쁨과 감동도 잠시일 뿐, 다시 갚아야 할 빚이 생겼다. 내 인생의 마지막 대출이라고 생각하고 열심히 갚아보기로 한다. 어차피 그 동안 월급도 많이 오른 것을 생각해보면 마냥 힘든 상황만은 아니라는 생각이 든다. 이제부터 다시 한번 인생의 마지막 빚 갚기 프로젝트에 돌입하게 된다.

　그 이후 몇 년이 지났음에도 불구하고 생각보다 예전만큼 빚이 잘 갚아지지 않는다. 왜 그런가 봤더니 그때에 비해서 지출이 많아진 것이다. 씀씀이가 헤퍼진 것도 아닌데 왜 이런가 보았더니 갈수록 아이에게 들어가는 교육비나 생활비가 점점 늘어가고 있었다. 왠지 내 월급이 오르는 속도보다 더 빠른 듯 하다. 곧 아이가 대학생이 될 텐데 대학자금을 충당할 생각을 하니 걱정이 커져간다. 임 모씨가 대학교에 다닐 때하고는 등록금 차원이 다른 듯 한데 말이다. 아이가 하나이기 망정이지라는 생각까지 든다.

한가지 걱정거리가 또 늘었다. 임 모씨의 부모님께서 건강상의 문제로 하시던 일을 그만두셔서 소득이 끊기시게 되었다. 은퇴를 하시게 된 것이다. 일을 그만두시고 바로 국민연금을 수령하시게 되었는데 그 정도로는 생활을 유지하시기에는 턱없이 부족하다. 게다가 임 모씨가 결혼할 때 지원해주셨던 돈이 바로 두 분의 노후자금이었다는 사실도 이제서야 깨닫게 된다. 하지만 이제 와서 죄송스러워한들 어찌하랴. 결국 부모님께 매달 생활비를 드리기로 결정한다.

다행히도 걱정했던 것 보다는 만족스럽게도 아이가 대학에 입학하게 된 시기에 빚이 10% 정도 남짓 남게 되었다. 게다가 임 모씨의 직장에서 대학 학자금의 일부를 지원해주기 때문에 학비 부담감까지 덜어낸 상황이다. 결국 얼마 지나지 않아 빚을 모두 갚게 되었고 고맙게도(?) 아이는 무사히 휴학 한번 없이 대학교를 졸업하게 되었다. 그리고 빚을 모두 갚은 뒤 월급과 보너스를 착실히 모아서 1억 가까이 모을 수 있었다. 자녀 학비도 어느 정도 해결되고 여유자금까지 생겼으니 두 마리의 토끼를 모두 잡은 기분이라서 임 모씨 부부는 한없이 기쁘기만 하다.

그러나 정신 없이 사느라 은퇴가 가까워지고 있다는 것을 깨닫지 못하고 있었다. 임 모씨는 아직도 열정적이었지만 어느덧 50대 중반을 넘어서고 있었기 때문에 회사에서 슬슬 나가라는 눈치를 주고 있는 듯 했다. 안그래도 임 모씨 또래들 중 이미 퇴직한 친구들이 허다했고, 임 모씨가 가장 오래 직장에 남아있는 편이었다. 직장에서 버틸 수 있는 시간은 앞으로 1년도 안 남은 듯 하다. 지금도 한 달에 생활비가 300만원은 나가는 것 같은데 이 생활을 어떻게 유지해야 할지 걱정이다. 엎친 데 덮친 격으로 국민연금은 10년 뒤부터나 나온다고 한다. 그것도 고작 90만원. 배우자는 빨리 퇴직해서 나올 국민연금이 50만원 정도라던데, 그럼 부부 둘이 합쳐서 나올 국민연금이 고작 140만원 정도일 테니 허리띠를 졸라 매야겠구나 하는 생각이 든다. 그것보다 더 큰 문제는 국민연금이 나오기 전 10년 동안이다. 받을 퇴직금과 퇴직연금을 계산해보니, 퇴직금 1억 원과 모아놓은 돈 3억 원으로 총 4억이다. 대략 10년 동안 대략 매월 333만원 정도로 나눠 쓸 수 있다니 생활하는데 큰 문제는 없겠구나 라는 생각이 드는 순간 문득 떠오르는 것이 있다. 아이가 결혼하게 되면 내가 결혼했을 때 같은 상황이 발생할 것 같은데, 그럼 아이 결혼비용은 어떻게 충당해야 하지?

결국 임 모씨 부부의 상황도 여의치 않고 하니 총 4억 중에서 5천만 원 정도만 결혼비용으로 지원해주고 임 모씨 부부는 3억 5천만 원으로 은퇴생활을 시작하기로 한다. 2억4천만 원으로 10년 동안 나누어 월 200만 원씩 사용하고, 남은 1억 1천만 원은 나중에 국민연금과 함께 쓰며 살기로 한다. 이렇게 해서라도 본인 들의 노후 문제 때문에 아이에게 손 벌릴 일을 안 만드는 것이 좋을 것이라는 생각과 함께.

지금까지 사회 생활을 하며 겪을 수 있을 법한 상황을 가상의 시나리오로 전개해 보았다. 물론 소득 수준이나 부모님으로부터의 지원 수준에 따라서 위의 상황보다 더 나은 상황이 전개될 수도 있고, 추가적인 자녀 출산이나 조기 퇴직으로 인해 더 어려운 상황이 전개될 수도 있을 것이다.

임 모씨의 이야기의 내용을 정리해보면 아래와 같은 재무적인 이벤트로 인해 경제적인 고민을 겪게 된다.

## 결혼

누구나 언젠가는 평생 함께하고픈 사랑하는 이를 만나게 되고 결혼을 결심한다. 그리고 많은 사람들의 축복과 함께 화려한 결혼식을 올리는 모습을 꿈꾸곤 한다. 하지만 이와는 달리 실상에서는 다소 슬픈 사연들이 간혹 있기 마련이다.

대한민국 청년들이 취업 이후에 돈과 관련하여 가장 쓰디쓴 패배감을 맛보게 되는 계기가 아마 결혼일 것이다. 실제로 많은 예비 신혼부부들이 결혼을 준비하면서 공통적으로 지출하게 되는 정형화된 과정들이 있는데 특히 큰 목돈이 들어가는 것들은 다음과 같다.

- 신혼집 마련 비용(전월세 보증금이나 주택 매입비)
- 신혼살림 마련 비용(가전 및 가구 구매비용)

- 예식장 준비 관련 비용 (식대 및 예식홀 사용료)

- 스드메 비용(스튜디오, 드레스, 메이크업)

- 신혼여행 비용

- 부부 본인들과 양가 부모님들을 위한 피복비

- 예물 준비 비용

결혼 준비 비용은 개인차에 따라 차이가 있겠지만 일반적으로 수천에서 수억 원 이상으로 들어가는 경우가 대부분이다. 문제는 결혼을 하는 이들의 직장 경력이 보통 3년에서 10년 사이가 대부분인데, 그 동안 모은 자금으로 전세보증금을 마련하는 것 조차 쉽지 않은 것이 우리나라의 결혼을 준비하는 이들의 실상이다. 결국 부모님의 지원이나 금융권 대출을 활용하지 않는 이상 순조로운 준비가 어렵기 때문에, 결혼을 준비하는 젊은 남녀 사이에서 잦은 싸움이 생기는 것도 무리가 아닌 듯 하다.

### 출산

우리는 누구나 부모님들로부터 삶이란 것을 선물 받았다. 그리고 지금의 우리 모습이 있기까지 부모님의 피땀 어린 노력이 있었음을 부정할 사람은 아무도 없을 것이다. 결혼을 하게 되면 언젠가는 이 역할을 물려받게 될 날이 오게 되는데 경험해본 많은 이들이 입을 모아 말하길, 우리를 키워준 부모님이 정말 대단한 것 같다고들 한다. 그만큼 부모로서의 역할을 해나간다는 것은 재무적 또는 비재무적인 측면에서 결코 쉽지 않다는 뜻이다. 그러면 절대 안되겠지만 이러한

갈등 속에서 아이가 우리에게 축복인지 짐인지를 고민할 때 드는 죄책감은 우리의 자존 감을 무너뜨리기 까지 한다.

일반적으로 출산 시 들어가는 비용도 만만치 않으며, 아래와 같다.

- 출산 사실을 안 날로부터 출산 전까지 지출되는 병원비용
- 출산 비용
- 산후조리원 비용
- 일정 기간 동안 발생되는 육아 비용(기저귀, 이유식, 병원, 아이 옷 등)

이 또한 가정마다 차이가 있겠지만 분명 무시할 수 없는 비용인 것은 누구에게나 마찬가지다.


## 내집 마련

결혼을 해서 가정을 꾸리던지 확고한 신념으로 평생 독신 생활을 즐기던지 상관없이 누구나 언젠가는 자신만의 보금자리를 찾아야 할 시기를 맞이하게 된다. 그런데 문제는 어떤 집이던 상관없이 내가 사고 싶은 집의 가격이 만만치 않다. 보통 내가 원하는 조건을 갖춘 집은 남들도 원할 수 있기 때문에 더욱 비싼 집일 가능성이 높다. 어떤 이들은 전세라는 좋은 제도가 있는데 왜 꼭 어렵게 집을 사야 하는지에 대해 의문을 품고는 한다. 왜 그래야 하는지는 주변에 오랫동안 전월세살이를 경험해본 어르신들께 여쭤보는 것이 그 질문에 대한 해답을 찾을 수 있는 가장 빠른 길이다. 평생 남의 집에서 2년간 집주인의 눈치를 봐가며 산다는 것도 쉽지 않은 일이고, 집주인의 결정

에 의해 2년 뒤 나의 거취가 결정되는 일이 평생 반복된 다는 것은 너무 슬픈 일이다. 왜 집을 사야 하는지 질문하는 이들에게 그러한 경험을 50대, 60대 이후까지 겪게 되는 삶을 살고 싶은지 되묻는다 면 어떻게 답변할 것인가?

현재 대한민국의 부동산 시세란 자신만의 보금자리를 원하는 수많은 이들에게 얼마나 고통스러운 현실을 맛보게 해주는 지를 나타내는 바로미터가 된 것 같다. 특히 수도권의 부동산 가격은 많은 이들이 꿈꿔왔던 삶을 무참히 짓밟기 까지 한다. 어떤 사람들은 자신의 소득 수준으로는 앞으로 오랜 기간 동안 보금자리를 마련하지 못할 것이라는 불안감 때문에 자신들의 직업관을 무너뜨리는 경우도 있다. 특히 매월 정해진 월급을 받는 직장인들에게서 이러한 현상이 자주 발생하곤 한다. 직장 선배들을 통해 앞으로 발생할 대략적인 소득을 예측할 수 있기 때문이다.

우리 자신이나 우리 가족이 원하는 조건의 보금자리를 마련하기 위해서는 어떻게 자금을 마련해야 할 지에 대한 구체적인 계획을 세워야 할 것이다.

### 자녀 교육

자녀 교육은 자녀 출산과 관련된 재무적 이벤트의 연장선상이다. 자녀의 초등학교, 중학교, 고등학교 재학 기간 동안에도 다양한 비용이 발생하겠지만 아무래도 가장 포커스가 맞춰져야 할 부분은 자녀의 대학자금이다. 2014년 기준으로 사립대학 등록금이 7~800만원에 육박하며, 자녀가 대학생활을 위해 학비를 포함하여 최소 연간 1천만 원 이상이 필요하다는 것은 이제 뉴스나 신문을 통해서도 쉽게 알 수 있다. 물론 자녀가 취업한 이후에 직접 대출을 상환하게 하는 학자금 대출 상품도 활용할 수는 있지만 첫 취업 이후 재무목표가 '학자금 대출 상환하기'가 되어버리게 된다. 내 능력이 부족해 우리 아이가 첫 단추를 잘못 채우게 되면 그만큼 아이의 인생이 다른 아이들 보다 뒤쳐져버리지 않을까 하는 불안감에 잠을 못 이루는 부모들도 있다.

　그렇다고 초등학교, 중학교, 고등학교 때 들어가는 비용도 무시할 수준이 아니다. 여기에 어학연수와 같은 기타 교육비용까지 들어가는 것까지 생각해보면 실제로 언론에서 말하는 자녀 1인당 평생 교육비용이 2억 6천이라는 말이 거짓 정보 같지는 않아 보인다.

　물론 아이가 부모님의 지원 없이 사교육에 의존하지 않고 하나부터 열까지 자기자신의 힘으로 쭉쭉 나아간다면 얼마나 고마울까 싶지만 자녀를 향한 과한 기대감은 그만큼의 절망감으로 돌아올 수도 있다.

## 은퇴

내집마련과 마찬가지로 결혼을 하던 안 하던 누구에게나 해당되는 재무적인 이벤트가 바로 은퇴이다. 실제로 우리나라뿐만 아니라 전 세계적으로 가장 큰 사회적인 이슈일 것이다. 2014년 9월 15일에 발표된 보험연구원 '2014년 보험소비자 설문조사' 결과에 따르면 본인의 노후준비에 대해 '잘 못하고 있다'고 부정적으로 응답한 비율이 40%를 초과하고 있고 대부분이 자신의 노후에 받게 될 연금이 어디서 어떻게 나올지 조차 모른다고 하니 큰 문제가 아닐 수 없다. 실제로 이미 은퇴 생활을 하고 있거나 은퇴가 코앞에 닥친 세대의 실상을 보면 안락한 은퇴생활을 누리는 사람들보다 경제적인 근심을 안고 사는 사람들이 더 많다고 하고, OECD 국가 중에서 가장 빠른 속

도로 고령화가 진행되어 간다고 하니 국가적 차원에서도 반드시 풀어나가야 할 과제가 아닐 수 없다.

가장 안타까운 사실은 실상이 이러한데도 불구하고 2030세대는 은퇴 후 자신의 노후생활에 대해 관심도가 매우 부족하다는 것이다. 물론 첫 취업을 하게 된지 얼마 되지 않을수록 은퇴는커녕 앞으로 겪게 될 직장 생활이 한도 끝도 없을 것 같을 테니 관심도가 낮을 수 밖에 없을 것이다. 그러나 잘 생각해보자. 우리에게 주어진 돈을 벌 수 있는 시간은 우리가 생각하는 것 보다 훨씬 부족하다. 생존연령 100세 시대에 다가가는 와중에 퇴직 시기는 점점 앞당겨지고 있기 때문이다. 단순하게 예를 들어보자. 27세에 첫 취업을 하고 60세에 은퇴하여 총 33년간의 소득기간을 갖게 되었다. 그리고 앞으로 자신이 90세 이후까지 산다고 가정을 해 보면 최소 30년 이상을 소득 없이 모아놓은 자산만 소비해가며 살아야 한다. 설마 여러분이 실제로 90세까지 살 수 있겠냐는 생각이 들 수도 있지만 매년 늘어만 가는 평균 수명 변화 추이를 지켜보면 남의 일 같지 않을 것이다.

이제 여러분은 이러한 상황들이 앞으로 우리에게 충분히 닥칠 수 있다는 사실을 알게 되었을 것이다. 그렇다면 현재 경제적인 고통을 겪고 있는 많은 이들은 이와 같은 상황이 전개될 것이라는 사실을 전혀 인지하지 못하고 있었을까? 꼭 그렇지는 않다. 누구나 늘 위기감은 가지고 있었지만 당시 비교적 편한 현실에 젖어 있었기 때문에 위기의식이 점점 무뎌져 가고 있었거나 또는 앞으로 막막해질 것이란 현실을 도피하기 위해 계획을 세우는 것 조차 회피했을 지도 모른다. 하지만 우리는 용기를 갖고 위와 같은 어려운 상황에 직면하기 전에 미리 대비책을 세워야만 한다.

## 내가 가고 싶은 길을 가고 있는가?

우리를 지치게 만드는 이유가 우리들의 삶이 어쩌면 우리 것 같지 않아 보여서 일지도 모른다.

주변사람들과의 모임에서 흔히 나올 법한 '이렇게 살아야 한다' 라고 하는 길이 아닌, 내가 가고 싶은 길을 가고 있는가? 어쩌면 나를 지치게 하는 이유가 무엇인지 모를 때 가장 먼저 자신에게 해야 할 질문일 것이다. 나에 대한 타인의 평가를 중요시할 수록 내가 원하지 않는 길로 방향을 바꾸게 되기도 하고 점점 남들과 똑같은 삶을 살아가게 된다.

누구나 원하는 좋은 학교, 누구나 원하는 좋은 직장, 누구나 원하는 조건 맞는 결혼, 누구나 원하는 자녀의 길, 누구나 원하는 은퇴생활.

누구나 자신은 자기 뜻과 자기 방식대로 행복하게 살겠다라는 마음으로 사회 생활을 시작한다. 그러나 살아가면서 어느덧 타인의 평가에 의해 내 삶을 맞춰나가고, 스스로를 남들과 같은 삶을 살도록 구속시키는 내 자신을 발견하게 된다. 그리고 다시 똑 같은 잣대로 남들을 평가하기 시작한다. 이런 과정 속에서 당연히 돈으로 인한 갈등과 마찰이 생긴다.

결혼, 출산, 내집마련, 자녀교육, 은퇴 등 다양한 재무 이벤트들을 대처하였을 때 느끼는 나의 만족도가 '내가 원하는 기준' 이 아닌 '남들의 시선 때문에 생기는 부담감으로 결정되는 기준' 이 아닌지 고민해볼 필요가 있다.

# 02

# 왜 계획대로 돈을
# 모으기 힘들까?

생각해보면 지금까지 우리가 이야기
해 본 재무 이벤트들은 전혀 생소한 이야기가 아니다. 그리고 실제로
많은 이들이 이러한 재무적인 위험에 대비하기 위해 다양한 방법을
시도하고 있다. 대표적인 방법이 바로 저축인데 생각보다 초심을 유
지하기가 쉽지 않다. 모으기 시작하면 얼마 못 가서 저축 통장을 깨
버리기 일수인데 다시 열심히 해보자는 각오만 하지 말고 실패 원인
을 곰곰이 생각해보도록 하자.

## 진정 바라는 재무목표가 없다.

'내가 가고 싶은 길이 있는가?' 에서 이야기했던 것과 비슷한 맥락
이다. 돈을 모으기 위해 정하는 재무목표 중에서 가장 깨지기 쉬운

목표가 바로 별다른 고민 없이 대충 정한 재무목표이다.

예를 들면 다음과 같다.

- 남들도 보통 그런 것 같으니 나도 30살 되면 결혼해야지.

- 직장 다닌 지 3년 차 되는 해에 5천만 원 정도는 모아야겠지.

- 남들 하는 것 보니 직장생활 좀 하다가 대학원을 다니게 될 지도 모르지.

나의 진정한 재무목표는 내가 진심으로 이루고 싶어하는 것이다. 이 재무목표가 내 삶에 있어서 진정 가치가 있기 때문에 꼭 이루어야 한다고 판단된다면 구체적으로 언제 어떻게 얼만큼의 금액을 가지고 그 재무목표를 이룰 것인지 계획해야 한다. 그리고 목표를 떠올릴 때마다 가슴속에서 느껴지는 무언가가 없다면 그것이 진정 자신이 바라는 목표인지 다시 한번 생각해보아야 한다.

목표란 것이 살다 보면 바뀔 수도 있는 것인데 왜 목표설정의 시작부터 이렇게 많은 에너지를 쏟아야 할까? 그 이유는 목표를 향한 의지력이 바로 목표에 대한 진정성으로부터 결정되기 때문이다.

예를 들어 보자. 임 모씨가 지금부터 3년간 5천만 원을 모으기로 결심했다. 하지만 그 5천만 원을 어디에 써야 할 지에 대해서는 고민해본 적은 없다. 그냥 지금까지 모아놓은 목돈이 없기 때문에 자신이 한심해 보이기도 하고, 3년 뒤에 결혼을 하던지 독립을 하던지 최소 5천만 원은 필요할 것 같다는 생각이 들었기 때문에 그런 재무목표를 세우게 되었다. 그리고 한동안 목표를 위해 착실하게 돈을 모아가는 중에 갑자기 친구들이 하나 둘씩 승용차를 마련하기 시작한다. 늘 솔로부대 일원으로써 똘똘 뭉쳐있던 그들이 차가 생겨서 그런지 갑자기 하나 둘씩 솔로 탈출을 하기 시작한다. 임 모씨는 '역시 차가 있어야 연애를 쉽게 시작할 수 있구나' 하는 확신이 들기 시작한다. 그런데 내가 지금까지 모아둔 목돈이 2천만 원 가량으로 확인이 되었고 조금만 대출을 하면 내 친구들 보다 조금 더 상위급의 승용차를 마련할 수 있게 되니 그들보다 더 멋진 연애를 시작할 수 있을 것이란 기대감이 든다. 물론 그 부질없는 기대감 때문에 저축한 돈도 생

각보다 쉽게 깬다. 어차피 5천만 원을 어디다 쓰려고 했는지 확실하게 결정하지 않았기 때문이다. 그리고 이것도 인생을 위한 투자라고 자신을 합리화하면서 목돈 마련은커녕 승용차를 마련할 때 떠안은 빚 갚기 프로젝트를 시작하게 된다.

젊은 나이에 차를 사는 것 자체가 나쁘다는 것은 결코 아니다. 다만 구체적인 계획이 동반되지 않은 재무목표는 이처럼 자신이 처한 상황에 따라 유리구슬처럼 쉽게 깨지기 마련이다. 단순히 선천적으로 의지가 박약하다고 자신을 탓하기만 할 것이 아니라 성의 없이 목표를 설정하는 것부터가 잘못이다.

## 저축을 하는 과정에서 무슨 일이 있을지 고민을 제대로 하지 않는다.

위에서 이야기한 바와 같이 진정성 없는 재무목표는 준비과정에서 생기는 변심으로 인해 허무하게 깨지기 마련이다. 그렇다면 진심으로 이루어지길 원하기 때문에 구체적으로 설정한 재무목표는 과연 깨질 일이 없을까? 사실 꼭 그런 것만도 아니다. 보통 본인이 의도치 않은 상황에 의해 재무목표가 깨지는 경우가 있는데, 가장 큰 이유는 예상 저축기간 동안에 발생할 수 있는 일시적인 지출을 고려하지 않았기 때문이다. 일반적으로 앞으로 저축을 하게 될 몇 년간 지출이 예상되는 가족이나 친구 경조사비용, 자동차 보험료, 세금 관련 비용, 병원비 등이 대표적인 예이다.

이런 부분에 대한 준비가 미흡하면 의도치 않게 저축 실행 과정에서 브레이크가 걸리는 일이 잦아지게 되는데, 이 과정에서 피로도가 쌓여 결국에는 어느 순간부터 목표 달성을 위한 의지력도 약해지기 마련이다. 재무목표를 세우는 과정에서 준비 기간을 고려할 때는 항상 예상 저축기간 동안 생길 가능성이 있는 지출 사항들을 상세하게 정리할 것을 권장한다.

## 어떤 방법을 활용하였나?

마지막 이유는 어쩌면 계획대로 돈을 모으지 못하는 이유 중에서 가장 안타까운 부분이지 않을까 싶다. 바로 목적과 맞지 않은 금융상품을 가입함으로써 발생하는 손실이다. 이 세상에 존재하는 모든 상품은 각자의 목적에 따른 기능이 존재한다. 그런데 소비자들의 구체적인 목적에 관계없이 무분별하게 판매되는 것 중의 하나가 금융상품이다.

최근 들어 금융상품 관련 법안이 바뀌면서 각 금융사의 고유 특성에 대한 장벽이 점점 무너져가는 추세이다. 은행은 고객에게 저축과 대출 서비스를 제공하고, 보험사는 고객의 예상치 못한 위험을 보장해주는 보험 서비스를 제공하고, 증권사는 증권 투자 서비스를 제공하기만 하는 시대가 저문 지 오래다. 이제는 보험사에서도 펀드를 판매하고 대출 서비스를 제공하기도 하며, 은행과 증권사에서도 보험상품을 판매한다. 각 금융사의 고유 상품 판매에 대한 벽이 허물어진 것이다. 그리고 이에 맞춰 상품들 또한 다양한 기능을 복합적으로 수행하기 시작했다. 가장 대표적인 상품이 변액 종신 보험일 것이다. 고객의 예상치 못한 위험을 보장하는 보험 고유의 기능을 수행함과 동시에 고객이 납입한 보험료를 다양한 펀드에 투자하여 이에 대한 수익을 보험금으로 돌려주는 기능을 수행한다. 이러한 사실만 보아도 앞으로 더욱 다양한 하이브리드 금융상품이 탄생하게 될 지 궁금증이 생기기도 한다.

다만 이와 동시에 발생하는 문제가 있는데, 금융상품 내용이 복잡해진 만큼 고객 입장에서는 금융상품을 고르는 과정에서 혼돈이 발생할 수 있다는 것이다. 이러한 문제점을 해결해주는 역할을 하는 담

당자가 바로 금융 상품 판매원(은행PB, 증권사PB, 보험설계사, 재무설계사 등 다양한 명칭으로 불리는 금융 관련 상담사)들인데, 고객의 상황과 니즈를 잘 고려하여 적합한 금융상품을 추천하는 이들도 존재하지만 본인의 의도이건 아니건 간에 분명히 그렇지 못한 이들도 다수 존재한다. 고객들이 심사 숙고하여 좋은 상담사를 만나면 다행이지만 악의적인 의도를 지닌 상담사를 만나거나, 혼자 금융상품을 선택하는 과정에서 잘못된 판단을 할 수도 있을 것이다. 그러면 결과적으로 고객 스스로에게 적합하지 않은 금융상품을 선택하게 된다면 어떤 일이 발생하게 될까? 결국에는 재무목표 달성에 실패하게 된다. 아무리 오랜 시간을 들여 구체적으로 재무목표와 재무계획을 세웠다 하더라도 잘못된 금융상품을 활용하게 되면 아마도 본인이 의도치 않게 재무목표 달성에 실패하여 좌절감을 맛보게 될 것이다. 이런 상황이 발생하는 대표적인 사례들로는 다음과 같다.

- 단순한 단기형 저축상품인 줄 알고 가입하였는데 몇 년 이후 확인해보니 보험상품이었다. 그래서 유지한지 3년이 넘었음에도 불구하고 해지환급금이 지금까지 납입한 총 납입액만큼도 되지 않는다.
- 병원 치료비를 보장받기 위해 실비보험인 줄 알고 가입했는데, 내가 사망하여야지만 보험금을 받을 수 있는 사망보험의 일종이었다.
- 암이나 뇌졸중 등 중증질환을 대비하기 위해 보험을 가입하였는데, 내용을 자세히 확인해보니 해당 질병이 발병하더라도 약관에 명시된 다양한 조건이 동시에 충족되지 않으면 보험금이 지급되지 않는다고 한다.
- 어느 정도 원금이 보장되는 저축상품인 줄 알고 가입하였는데, 알고보니 투자 실적에 따라 원금손실이 발생할 수 있는 투자상품이었다.

Chapter

## 03

# 왜 금융상품의
# 가입과 해지를 반복하는
# 상황이 발생하는가?

■

가입했던 금융상품을 해지하는 것만큼 가슴 쓰라린 결정이 또 있을까?

임 모씨는 3년 뒤에 유럽여행을 가겠다는 목표를 세우고 있었는데 마침 한 통의 전화가 걸려온다.

전화 상담원: "안녕하십니까? 고객님? 저는 ㅇㅇ금융그룹의 OOO 상담원 입니다. 이번에 ㅇㅇ금융그룹 창사 10주년을 맞이하여 특별히 우량고객 분들께만 고금리 저축 계좌를 개설해 드리고 있습니다. 요즘 은행 이자가 3%도 안 되는 사실은 익히 알고 계시죠? 하지만 저희 고금리 저축을 활용하시면 연이율이 3% 후반대나 되고 비과세

기능까지 된답니다. 이게 끝이 아니에요. 혹시 복리의 마법에 대해 알고 계신가요? 우리는 블라블라…"

임 모씨: "말씀은 잘 알겠는데요? 그 상품에 대해 자세히 좀 알아보고 싶은데 상품설명서 같은 것 좀 이메일로 먼저 보내주시면 안될까요?"

전화 상담원: "네, 알겠습니다. 고객님. 하지만요 고객님? 저희가 이번 고금리 저축 상품을 제공하면서 가입문의전화가 너무 많아서 업무량 상 일일이 사전에 모든 자료를 보내드릴 순 없고요, 고객님 직장인이실 텐데 어떻게 돈을 모으고 계신가요? 최근들어 블라블라…"

임 모씨는 바쁜 업무 와중에 좀 번거롭기는 하지만 이런저런 얘기 들어보니 마침 유럽여행을 위해 저축도 해야 하는데 금리도 높다고 하니 가입하는 것도 나쁘지는 않을 것 같다는 생각이 든다.

임 모씨: "가입하려면 어떻게 해야 하나요?"

전화 상담원: "네, 고객님. 그럼 고객님께서 지금 업무 중이시라 바쁘실 테니 제가 빨리 안내를 드리도록 하겠습니다. 고객님의 생년 월일이 어떻게 되시나요? 주소가 어떻게 되시나요? 직장명이 어떻게 되시나요? 답변해주셔서 감사합니다. 이 상품은 ○○금융그룹에서 제공하는 저축 상품으로 10년 이상 유지하면 비과세 혜택이 있고, 블라블라…"

임 모씨: "네, 네, 네…"

이렇게 해서 임 모씨는 뭔지는 정확히 모르겠지만 고금리 저축 상품에 가입한다. 3년 뒤 유럽여행비용으로 360만원을 계획했기 때문에 한 달에 10만원씩 납입하는 것으로 가입을 했다. 그리고 시간이 흐른 뒤 마침내 기다리던 3년이 됐다. 그런데 황당하게도 돈을 찾으려고 알아봤더니 해지환급금이 고작 300만원 정도밖에 안 된다고 한다.

"그럴 리가 있나? 내가 정확히 360만원 납입했는데? 이자는 고사하고 환급금이 납입한 돈 만큼도 안될 수가 있지?"

알고 보니 임 모씨는 저축 보험이라는 상품을 가입한 것이었는데, 은행 저축이 아니라 엄연히 보험사의 상품이고 납입하는 저축금액이 보험료라고 표기되어 납입되고 있었으며, 납입되는 금액의 일부분이 수수료로 차감된다고 한다. 황당하기 그지 없지만 그 전화상의 속사포 랩 같은 상품안내 속에서 이에 대한 설명이 있었다고 한다. 그때로 돌아가서 다시 귀 기울여 듣는다 한들 알아들을 자신 조차 없었다. 결국 임 모씨는 마음 상한 채 상품을 해지하고 여행자금 부족분은 따로 가입했던 적금을 해지해서 충당하기로 결정한다. (그 적금의 용도 또한 명절 때 드릴 부모님 용돈이나 이사 자금 등으로 따로 정해놓았을 것이다.)

이와 비슷한 경험을 통해 손실을 본 이들이 많지 않을까 싶다. 이렇게 우리에게 필요한 금융상품인 줄 알고 가입을 했다가 나중에 쓴 맛을 보게 되는 사례가 비일비재한데 왜 우리 주위에 늘 이런 문제가 반복돼서 발생하고 있는 것일까? 그리고 재무 목표를 달성하기 위해 무언가 활용은 해야 할 것 같은데 내게 맞는 금융상품을 효율적으로 선택할 수는 없을까? 모든 만사가 그렇지만 해결책을 찾기 전에 왜 이런 문제가 발생하는지 곰곰이 생각해보는 것이 먼저이다.

## 금융 상품을 선택하는 기준이 없다.

금융 상품을 가입함으로써 발생할 수 있는 피해를 최소화시킬 수 있는 방법은 바로 금융 상품을 선택하는 기준을 미리 정하는 것이다.

여러분이 지금 금융상품을 알아보고 있는 목적이 목돈 마련을 위한 것인지 또는 위험 보장을 위한 것인지 또는 은퇴 준비를 위한 것인지도 확실히 구분 지어야 하고, 준비 기간이 단기/중기/장기 일지도 명확히 파악해야 한다. 그리고 각 니즈에 적합한 금융상품들을 나열한 뒤 각자의 장단점을 잘 파악하여 활용해야 한다. 모든 금융상품은 장점과 단점을 함께 포함하고 있기 때문에 특정 금융상품을 활용하면서 발생할 수 있는 득과 실을 잘 따져보아야 한다. 물론 이런 간략한 설명 만으로 이해할 수 있을 만큼 간단한 문제가 아니기 때문에, 이는 앞으로 전개될 'PART 2' 에서 자세히 다루어 보도록 하겠다.

## 어떤 경로를 통해 가입을 하였는가?

정이 넘치는 대한민국 특유의 사회 분위기 속에서 싹트는 부작용 중의 하나가 아닐까 싶다. 필자도 매번 새로운 분들과 다양한 상담을 진행하게 되는데 보험상품을 가입하게 된 계기나 경로의 대부분이 '부모님의 지인' 을 통해서이다. 다른 케이스를 좀 더 살펴보면 친척, 친구, 가족, 알고 지내던 지인, 인터넷 등을 통해서 가입한 정도이다.

이렇게 주변 지인을 통해서 가입하는 것 자체에 문제를 제기하는 것은 아니다. 문제는 '그 분이 이렇게 하래' 라는 식으로 '아는 분이니 믿고 맡겨도 되겠지' 하는 무책임한 행동이다. 누구를 통해 어떻게 가입을 했던 차후에 발생하는 피해는 고스란히 본인의 몫이다. 실제로 이런 문제점을 간과하고 성의 없이 금융 상품에 가입을 했다가 그 관계마저도 돌이킬 수 없을 만큼 틀어지는 사례는 너무 많아 샐 수도 없을 정도다.

물론 지인이 나쁜 의도로 여러분에게 접근 할 일은 없겠지만(그럴지도 모르지만), 한 가지 금융상품을 가입할 때마다 앞으로 'PART 2'에서 설명할 내용들을 참고하여 스스로 자신의 니즈에 적합한 금융상품을 결정하는 능력을 키우되, 궁금한 부분이 있을 경우 지인들을 통해 상세한 부분을 알아봐 줄 것을 요청하길 바란다. 관계가 어떻게 되던 간에 금융 상담사는 금융 상품 판매 역할을 하기 이전에 해당 상품에 대한 팩트를 전달하는 역할을 하는 사람이기 때문이다.

마지막으로 한번 더 강조하자면, 금융상품의 선택은 '사람 사이의 정'이 기반이 되지 말아야 한다.

## 당신의 전반적인 인생 계획을 고려하여 금융상품을 선택하였는가?

금융상품 하나 선택하는데 인생까지 논해야 한다니 제법 부담스럽게 느껴질 수도 있을 것이다. 그러나 금융상품을 그 때 배 불리기 위해서 구매하는 음식이나 잠시 동안 쓰고 버리기 위해 구매하는 생필품과 똑같이 취급해서는 안 된다. 실제로 저축상품, 보험상품, 개인연금상품, 대출상품 등 여러분의 안락한 인생을 위해 활용해야 하는 상품이 바로 금융상품이다. 어차피 월 납입금도 얼마 안 되는데 아니다 싶으면 바로 해지하면 되는 것이 아니냐 라고 반문할 수 도

있을 것이다. 하지만 월 보험료 5만 원짜리 보험도 따지고 보면 앞으로 대략 20년 전후로 납입할 것을 고려해 보았을 때 5만 원짜리 상품이 아닌 1200만 원짜리 상품인 것이다(5만원×20년×12개월). 경차 한대 맞먹는 가격이니 무시할 수준의 금액은 아닐 것이다.

그리고 재무 계획이란 것이 살면서 몇 차례 바뀔 수도 있는 것이기 때문에 상황에 따라 가입한 금융상품의 구성을 일부분 변경할 가능성도 고려하여 가입을 해야 한다. 예를 들면 정기적금을 3년간 월

100만원 정도 납입할 것으로 가입을 할 계획이라면, 단순히 한 개의 적금에 월 100만 원씩 납입하지 말고 3년 안에 예기치 않게 해지할 상황도 감안하여 70만 원짜리 적금과 30만 원짜리 적금으로 나누어 가입하라는 것이다. 그 이유는 만기가 되기 전에 정기적금을 해지하게 되면 약정된 이자를 포기해야 하기 때문이다. 100만 원짜리 적금을 유지하는 과정에서 소액의 자금이 필요해서 모든 이자를 포기하고 적금을 해지하느니, 적금을 70만 원짜리와 30만 원짜리로 나누어 가입한 뒤 차후 소액의 자금이 필요할 경우 30만 원짜리를 해지하고 남은 70만 원짜리 적금은 그대로 만기까지 유지해서 이에 대한 이자만큼을 받는 방법이 더욱 합리적이다.

그리고 은퇴준비를 위해 개인연금상품을 가입할 때도 위와 같이 상품을 유지하는 동안 납입의 유연성을 충분히 고려하여 가입을 해

야 한다. 여기서 말하는 납입의 유연성이란 납입 금액을 얼마나 자유롭게 조절할 수 있는지를 뜻한다. 개인연금 상품 가입 시 납입의 유연성이 고려되어야 하는 이유는 개인연금 상품 자체가 일반적으로 장기간 동안 납입을 해야 하기 때문이다. 만일 그 사이에 이직이나 휴직(여자들의 경우 육아휴직)과 같은 상황이 발생하게 되어 한 동안 납입이 어려울 시기에는 납입 부담을 잠시 동안 줄일 수 있도록 조절할 수 있어야 한다. 물론 우리가 가입할 수 있는 개인연금 상품들의 납입 조절 기능이 상품마다 다양하기 때문에 각 상품의 기능을 잘 파악하여 선택해야 한다.

　이렇게 전반적인 인생을 고려한 금융상품 가입은 '재무설계'라는 과정을 통해서 훨씬 수월해질 수 있다. 문제는 많은 사람들이 재무설계라는 용어가 어디선가 많이 들어보았지만 실제로 무엇인지 잘 모르기 때문에 재무설계를 받을 것을 권장했을 때 돌아오는 대답은 '관리할 돈이 없어서 힘들 것 같다'이다. 이 대답은 결국 재무설계에 대해 모른다는 뜻으로 해석할 수 있다. 어쩌면 그런 대답이 나온 이유는 자산 관리와 재무 설계의 개념을 혼돈해서 일 수도 있다. 그렇다면 실제로 재무설계란 무엇이고, 우리가 막연하게나마 알고 있는 자산관리와는 어떤 차이가 있는지 다음 내용에서 이야기해보기로 하자.

## 재무설계와 자산관리의 차이

### 재무설계

간단하게 표현하자면 재무설계란 자산을 만들어 나가기 위해 수행해야 할 과정을 뜻한다.

설계(設計)라는 말의 사전적 의미를 찾아보면 다음과 같다.

'건축·토목·기계 제작 따위에서, 그 목적에 따라 실제적인 계획을 세워 도면 따위로 명시하는 일'

재무설계에서의 설계라는 단어도 같은 의미이다.

누군가로부터 상속이나 증여를 받지 않는 이상, 누구든지 일정 자산이 있는 상태에서 사회생활을 시작하는 경우는 드물다. 결국에는 사회생활을 시작하는 시점에서는 자산이 없고 앞으로 발생할 소득만 존재하기 때문에 앞으로 어떻게 자산을 만들어 나가야 할지 여러 가

지 고민을 할 것이다. 단순히 은행 저축을 해야 할지, 아니면 투자를 활용해 수익을 내야 할지 끝없는 고민 속에서 몸부림치게 될 것이다.

이러한 고민거리들을 해소시켜주기 위해 나온 것이 재무설계이다. 막연할 수도 있지만 누구나 돈을 모으기 위한 목적이 있다. 이것이 바로 재무목표이고, 재무설계 초기 단계에는 뚜렷하지 않은 재무목표를 더욱 구체화시키는 작업을 수행해야 한다.

스스로가 왜 돈을 모아야 하는지 목적이 뚜렷해졌다면, 그 다음이 현재 자신의 재무적인 상황을 파악하는 것이다. 여기서 잠깐 여러분에게 생 텍쥐페리의 '사막의 죄수' 라는 소설 속에 있는 한 부분에 대해 소개하고자 한다.

어느 죄수가 어느 날 정신을 차려보니 광활한 사막에 홀로 남겨지게 되었다. 도움을 청할 사람도 없고 아무리 주위를 둘러보아도 마을이라고는 찾아볼 수가 없었다. 절망감이 몰려드려는 순간 죄수 옆에 지도가 하나 놓여 있는 것을 발견했다. 죄수는 희망찬 마음에 지도를 펼쳐 보았지만 결국 지도를 보면서 하룻밤을 꼬박 세웠다. 지도가 있어봤자 다 소용없는 일이었다. 왜냐하면 죄수는 지금 자신이 그 지도 속에서 어느 위치에 있는지 알 수 없었기 때문이다.

결국 우리가 자산을 모아나가기 위해 목적만 뚜렷하게 잡아봤자 우리 자산의 현재 위치가 어디쯤인지 알 수 없다면 앞으로 나아갈 방향 조차도 잡을 수가 없기 때문에 저축계획이 구성될 수 없다. 그렇기 때문에 재무목표를 구체적으로 세우고, 현재 본인의 자산 현황을 정리한 다음, 현재 재무상태가 목표를 이루어 나가기 적합한 상황인지 분석 및 평가를 함으로써 앞으로 실행해 나갈 저축 포트폴리오를 구성하는 것이 재무설계의 전반적인 절차이다.

## 자산관리

그렇다면 재무설계를 통해 목적대로 마련한 자산을 어떻게 해야 할까? 여기서 수행할 수 있는 것이 바로 자산관리 이다. 현재 축적되어 있는 자산을 어떻게 운용함으로써 안정성을 높임과 동시에 수익을 발생시킬 수 있는지에 대한 전략을 모색하는 것도 자산관리의 일부분이며, 소유중인 자산으로 인해 납부해야 하는 세금을 어떻게 절약할 수 있는지 절세 이슈에 관해서 모색하는 것 또한 자산관리의 일부분이 될 수 있다.

결론적으로 우리는 '자산관리' 단계에서 관리할 자산을 마련하기 위해 '재무설계'를 수행해야 한다는 것으로 이해할 수 있다.

## 우리는 재무설계와 자산관리를 통해서 무엇을 얻을 수 있는가?

어린 시절 국민학교나 초등학교에서 방학이 시작되기 전에 생활 계획표를 만들던 것을 기억하는가? 한 두 달 정도 주어진 방학 시간을 알차게 보내기 위해 규칙적인 생활을 할 수 있도록 큰 동그라미 안에 아침에 일어나기, 운동하기, 공부하기, 방학 숙제하기, 휴식, 취침하기 등 하루 일과를 빼곡히 그려서 담임 선생님께 제출했던 기억이 난다. 물론 필자는 하루하루 어기기 일수였지만 반에서 소위 우등생이라고 불리던 친구들은 제법 꼼꼼하게 그 계획을 잘 지켜나갔던 것으로 기억한다. 어릴 때 버릇이 여든까지 가는 것이 사실인지 현재 그 친구들의 대부분이 사회에서도 인정받는 인재로 잘 성장하였다.(아마도)

지금까지 간략히 이야기 나누어 본 재무설계와 자산관리라는 것은 우리가 효율적으로 부를 축적할 수 있도록 도와주는 장기 계획표라고 볼 수 있다. 학창시절 생활계획표는 이에 비하면 상당히 단기 계획표이기 때문에 비교적 실행하기 어렵지는 않았지만, 살다 보면 워낙 다양한 일들을 자주 겪게 되기 때문에 이러한 장기 계획표대로 평생 실천한다는 것은 불가능에 가깝다. 그럼에도 불구하고 재무설계와 자산관리를 해야 하는 이유는 무엇일까? 우리가 안락하고 행복한 인생을 살아가는 과정에서 중간에 방황을 하게 되더라도 다시 방향을 잡을 수 있게 도와주는 가이드라인 역할을 해주는 것이 이 재무장기계획표이기 때문이다.

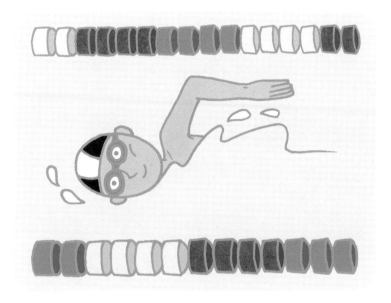

그렇다면 이제 재무설계를 우리가 어떻게 해야 할 지에 대해 설명을 하도록 하겠다. 자산관리 분야는 워낙 광범위하기 때문에 본 서적에서는 재무설계에 집중하여 설명할 것임을 미리 참고하기 바란다.

그럼 좀 더 본격적으로 돈 관리를 위한 이야기를 나누어 보도록 하자.

Part

# 02

## 효율적인 돈관리
## 매뉴얼

# 05

# 재무설계 단계별
# 메뉴얼과 역할

◼

이전 장에서는 우리가 왜 일찍부터 돈 관심을 가져야 하는지, 그리고 관심을 가진다 하더라도 왜 자산을 모아가는 것이 생각한 것만큼 쉽지 않은지에 대해 이야기를 나누어 보았다.

그렇다면 이제 실제로 어떻게 해야 자산을 모아나갈 수 있는 지에 대한 방법을 알아볼 차례다. 이번 장을 통해 소개될 내용은 이제 막 첫 직장을 구해서 생전 처음으로 돈을 모으기 시작한 신입사원들이나 엊그제 황홀한 신혼여행을 마치고 와서 앞으로 행복한 가정을 꾸려나가기 위한 자산 마련하기에 돌입한 새내기 신혼부부들, 그리고 지금까지 수행했던 돈 관리 방식에 불만을 가졌던 모든 이들에게 광활한 사막에서 오아시스를 찾을 수 있는 지도와 같은 역

할을 해 줄 것이다.

　기계치라고 불리는 이들이 있다. 어떤 유용하고 간편한 전자제품
이더라도 이들 손에만 쥐어지면 제 기능을 발휘하지 못하고 장식품
이 되는 경우가 있는데 그 이유는 단순히 조작법을 모르기 때문이다.
그래서 이런 분들을 위해 친절하게 단계별로 제품 조작법을 소개하
는 매뉴얼이란 것이 제품과 함께 제공된다.

　어떻게 재무 설계를 해야 할 지 막막한 사람들은 앞으로 설명할
절차에 따라 소개하는 내용 그대로 따라 해보기만 하면 된다. 앞으로
이 장에서 소개할 내용은 많은 이들이 재무설계를 어떻게 효과적으
로 수행할 수 있는지 단계별로 안내해 나가는 매뉴얼과 같은 역할을
할 것이다.

먼저 재무설계 진행 순서는 다음과 같다.

- STEP 1) · 재무목표 세우기
- STEP 2) · 재무현황 파악하기
- STEP 3) · 재무현황 분석 및 평가하기
- STEP 4) · 재무 포트폴리오 만들기
- STEP 5) · 재무 포트폴리오 실행 및 모니터링 하기

　　그럼 각 단계별로 무엇을 해야 할 지에 대해 구체적으로 알아보기로 하자.

# 06

# Step1)
# 재무목표 세우기

## 진정한 재무목표 세우기

저축을 작심삼일에 그치지 않고 꾸준히 해 나가기 위해 가장 첫 번째로 수행해야 하는 것이 바로 재무목표 세우기라고 이전 장에서 이야기를 했었다. 그리고 한걸음 더 나아가 남들이 해야 한다고 하니 나도 덩달아서 막연하게 정한 재무목표가 아니라 우리 스스로 진심 으로 갈망하고 있는 재무목표를 찾아내는 것이 중요하다고 하였다. 그럼 이런 재무목표는 어떻게 찾아내야 하는 것일까? 내가 원한다고 모든 것이 다 재무목표가 될 수 있을까?

## Really Want? 당신의 절실한 재무목표를 찾아라

생각만 해도 심장이 뛸 정도로 가슴 벅찬 재무목표란 과연 무엇일

까? 물론 너무 사고 싶거나 이 것을 하기 위해 반드시 돈을 써야겠다고 한다면 그것이 여러분의 절실한 재무목표일 것이다. 다만 실제로 내 인생을 위해 어떤 의미가 있는 재무목표인지에 대해서도 한번 더 깊게 생각해보아야 한다. 왜냐하면 당장 생각해보기에 가슴 뛰는 재무목표일 수도 있지만 시간이 지나고 보면 내 자신이 한심하고 초라하게 보여질 수 있는 재무목표일 수도 있기 때문이다. 또는 그 재무목표를 달성함으로써 내 인생의 다른 중요한 부분들을 희생시킬 수 있을지도 모른다. 예를 들면 단순히 자신의 입지를 높이기 위해 외제차, 명품의류잡화, 고급주택 등을 구매하지만 도리어 그 과도한 지출로 인해 결혼이나 이사 자금이 부족해서 원치 않는 빚이 생기는 등 화가 되어 돌아오는 경우가 많다.

물론 이런 지출이 득이 될지 실이 될지는 분명히 개인차가 존재할 것이고, 실제로 자신의 인생에 많은 의미를 부여할 수 있다면 진정한 재무목표가 될 수도 있다. 그러나 고려해야 할 점이 있다. 앞으로 많은 세월이 흘러도 이 재무목표들이 변함없이 나에게 큰 의미를 부여할 수 있는지에 대해서도 깊게 고민해보아야 하고, 이 목표를 달성함으로써 나의 다른 중요한 재무목표들을 달성하는 것에 방해가 되지 않을 것인지에 대해서도 깊게 고민해보아야 한다. 예를 들면, 임 모씨가 원하는 은퇴생활을 즐기기 위해 젊은 시절에 꾸준히 저축해서 최소 매월 200만원의 연금을 받으려고 한다. 그런데 젊을 때 자신이 원하던 고급 외제차를 구매함으로써 월 100만원 수준으로 연금소득이 감소되는 위험을 감수해야 한다면 임 모씨는 과연 쉽게 외제차를 살 수 있을까? 당장이야 자신이 외제차를 타며 거리를 누비는 환상에 젖어있기 때문에 그 목표가 자신의 인생의 전부라 착각할 수 도 있다. 그리고 한동안은 실제로 외제차를 몰면서 행복에 젖은 생활을 만끽할 것이다. 다만 그러한 결정으로 인해서 앞으로 자신에게 펼쳐질 30여 년의 은퇴생활 수준이 낮아지게 되니 그때 가서 후회하지 않을 자신이 있을지 심각하게 고민해봐야 할 것이다.

자신이 왜 돈을 모아야 하는지에 대한 답을 줄 수 있는 재무 목표라는 확신이 강하게 든다면 그 것이 바로 여러분의 재무목표일 것이다. 결정권은 여러분 자신에게 있다. 하지만 이를 달성했을 때 여러분이 얻게 될 손익에 대한 결과 또한 여러분의 몫이니 재무목표를 결정하는 것에 대해 신중하길 바란다.

### 재무목표 실행 비용에 대해 구체적으로 알아보라

재무목표를 결정할 때 달성 가능 여부를 따져보는 것도 대단히 중요하다. 우리가 회사 업무를 위해서나 사업 또는 자기 개발을 위해 목표를 크게 정하는 것이 좋다고 하지만 재무설계 측면에서는 꼭 그렇지만은 않다. 그리고 내가 달성해야 하는 목표를 위해 돈이 얼마나 들지에 대해서도 구체적으로 알아봐야 한다. 그래야 목표가 점차 뚜렷해지기 때문이다.

"나는 3년 뒤에 결혼을 할 꺼야"

막연히 결혼을 하겠다는 결심만 하지 말고 얼마나 비용이 들지 대략적인 예산을 세워보길 바란다. 요즘은 인터넷을 통해 다양한 정보를 접할 수 있기 때문에 웬만한 재무목표에 관한 비용은 얼마든지 찾아낼 수 있다. 결혼을 하고 싶어서 저축을 할 계획이라면 얼마나 모아야 하는지를 구체적으로 조사해보자. 이전 장에서 잠깐 소개했었던 결혼을 위해 대표적으로 들어가는 비용으로 신혼집 마련 비용이나 신혼살림 비용, 예식장 관련 비용, 스드메 비용, 신혼여행 비용, 기타 피복비 등 본인이 원하는 결혼식의 수준을 맞추기 위해 들어가는 비용들이 존재할 것이다. 조금만 시간을 들이면 이런 것들은 대략적으로 예산을 잡아볼 수 있다. 이렇게 정성스럽게 결정한 재무목표일수록 달성 가능성이 높아진다는 것을 명심하라.

부가적으로 설명하자면,

"나는 현재 연봉 2천만 원이고 지금 가지고 있는 자산이라고는 전혀 없지만 3년 뒤에 1억 원 상당의 고급 스포츠카를 사고야 말겠어. 화이팅! "

이런 터무니 없는 금액 설정 때문에 달성 불가능한 재무목표는 계획 실행을 작심삼일로 전락시킬 가능성만 높여버리니 참고하시길 바란다.

## 재무목표 구체화 하기

재무설계란 재무목표를 달성하기 위해 현재 재무현황을 분석 및 평가하고 재무 계획을 수립한 뒤 이를 꾸준히 실행해 나아가기 위한 일련의 과정이라고 소개한 바 있다. 결국 재무설계의 목적과도 같은 재무목표를 구체화 시키는 작업은 가장 선행되어야 할 단계이다. 그렇다면 다음과 같이 재무목표를 구체화 시켜보도록 하자.

| 재무목표 항목 | 목표 시기 | 목표 금액 | 비 고 |
|---|---|---|---|
| 부모님과 여행하기 | 1년 6개월(18개월) 뒤 | 300만원 | 오사카 예상 |
| 결혼 | 4년(48개월) 뒤 | 1억원 | 대출 활용 예상 |
| 중형차 구매 | 5년(60개월) 뒤 | 1천만원 | 중고차 예상 |
| 내집 마련 | 12년(144개월) 뒤 | 2억 | 강동구 20평대 예상 |
| 은퇴 | 30년(360개월) 뒤 | 예상소득<br>월200만원 | 기대수명 100세 예상 |

다시 한번 강조하지만 재무 목표 항목이나 목표 시기 및 금액 설정은 가능한 현실성 있는 목표일수록 좋고, 필요 금액은 되도록 구체적인 조사 자료를 토대로 결정하기 바란다.

# 07

Chapter

## Step2)
## 재무현황 파악하기

이전 장에서 소개했던 생 텍쥐페리의 '사막의 죄수' 이야기를 다시 한번 떠올려 보자. 사막 한 복판에서 죄수는 지도를 가지고 있었고 자신의 목적지를 알고 있었음에도 불구하고 한 발자국도 움직일 수 없었던 이유는 자신의 위치를 모르고 있었기 때문이었다.

우리가 재무설계 첫 번째 단계에서 구체적인 재무목표 설정을 통해 목적지를 정하였다면 이제 우리의 현재 위치를 파악해볼 필요가 있다.

재무현황 파악하기 단계는 아래와 같이 크게 두 가지 과정으로 구성된다.

∨ 재무자료 수집하기

∨ 현금흐름 정리하기

'재무현황 파악하기' 과정에서 구제적인 재무현황 정보를 수집하기 위해 다양한 금융상품에 관한 언급이 있을 텐데, 각 금융상품에 관한 세부적인 내용은 차후 'Step3) 재무현황 분석 및 평가하기'에서 소개하도록 하겠다.

## 재무자료 수집하기

여기서 말하는 재무자료란 현재 자신 명의로 소유중인 자산들을 뜻한다. 일반적으로 보장성 보험이나 투자자산, 연금자산, 대출 자산 등 이 대표적인 예이다. 자신이 목표 대비 어느 위치까지 도달해있는지를 구체적으로 파악하기 위해 각 자산에 대한 증빙자료를 참고하는 것이 좋으며, 각 자산의 증빙서류마다 해당 자산에 대한 구체적인 내용이 포함되어 있다.

• **수집할 재무자료**

∨ 보험증권

∨ 투자자산 증빙 내역

∨ 연금자산 조회 내역

∨ 대출 증빙서류

∨ 직전 년도 원천징수 영수증

∨ 부동산자산 증빙내역

앞으로 설명할 증빙 내용들을 아래와 같은 재무현황표에 정리하여 기입해 둘 것을 권장한다.

## 재무 현황표

**■ 유동성 자산** (단위:만원, 날짜:YY.MM.DD)

| 소 유 자 | 금융기관 | 상 품 | 가입일 | 만기일 | 월납입 | 평가액 | 비 고 |
|---|---|---|---|---|---|---|---|
| | | | | | | | |
| | | | | 합계: | | | 만원 |

**■ 채권형 자산** (단위:만원, 날짜:YY.MM.DD)

| 소 유 자 | 금융기관 | 상 품 | 가입일 | 만기일 | 월납입 | 평가액 | 비 고 |
|---|---|---|---|---|---|---|---|
| | | | | | | | |
| | | | | 합계: | | | 만원 |

**■ 주식형 자산** (단위:만원, 날짜:YY.MM.DD)

| 소 유 자 | 금융기관 | 상 품 | 가입일 | 만기일 | 월납입 | 평가액 | 비 고 |
|---|---|---|---|---|---|---|---|
| | | | | | | | |
| | | | | 합계: | | | 만원 |

**■ 연금성 자산** (단위:만원, 날짜:YY.MM.DD)

| 소 유 자 | 금융기관 | 상 품 | 가입일 | 만기일 | 월납입 | 평가액 | 비 고 |
|---|---|---|---|---|---|---|---|
| | | | | | | | |
| | | | | 합계: | | | 만원 |

**■ 보장성 자산** (단위:만원, 날짜:YY.MM.DD)

| 피보험자 | 금융기관 | 상 품 | 가입일 | 납입만기 | 월납입 | 보장만기 | 비 고 |
|---|---|---|---|---|---|---|---|
| | | | | | | | |
| | | | | 합계: | | | 만원 |

**■ 부동산 자산** (단위:만원, 날짜:YY.MM.DD)

| 소 유 자 | 자산형태 | 내 용 | 구입일 | 취득가 | 부채규모 | 평가액 | 비 고 |
|---|---|---|---|---|---|---|---|
| | | | | | | | |
| | | | 합계: | | | | 만원 |

**■ 부채 현황** (단위:만원, 날짜:YY.MM.DD)

| 소 유 자 | 금융기관 | 내 용 | 대출일 | 만기일 | 월상환금 | 대출잔액 | 비 고 |
|---|---|---|---|---|---|---|---|
| | | | | | | | |
| | | | | 합계: | | | 만원 |

## 보험증권

요즘 보험상품들은 질병이나 상해를 위한 보장성 기능뿐만 아니라 저축성 기능까지 포함되어 워낙 다양해졌지만 공통적으로 이 보험이 무엇을 위한 보험인지를 알려주는 가입설계서, 상품설명서나 보험증권이란 서류가 존재한다. 보험사마다 형식은 다르지만 대부분 보험증권에 보험 분석을 위한 내용들이 포함되어 있다. 하지만 그렇지 않을 가능성도 존재하기 때문에 자신이 유지중인 보험 상품이 다음과 같은 내용을 포함하고 있는지 확인하여 해당 내용을 정리해두어야 한다.

    ∨ 보험상품명

    ∨ 보험사명

    ∨ 가입 날짜

    ∨ 보장 내역(담보명)

    ∨ 보장 금액(가입 금액 / 보험금)

    ∨ 보장 기간(보험 기간)

    ∨ 납입 보험료(납입주기: 월간, 연간 등)

    ∨ 보험료 납입기간

    ∨ 보험료 갱신여부

## 무배당 ○○화재건강 종합보험

보험료 및 보험가입 내용

| 구분 | 피보험자 | | 월보험료 | 납입주기 |
|---|---|---|---|---|
| 장기부분 | 홍길동 님 (1980.3.2) 33세 | 139,772원 | 139,772원 | 월납 |
| | 적립보험료 | 18원 | 18원 | 월납 |
| 합 계 | | 139,790원 | 139,790원 | |

| 피보험자 | 담보명 | 보험기간 | 납입기간 | 가입금액 | 보험료 |
|---|---|---|---|---|---|
| 홍길동 | 기본계약(일반상해후유장해) | 100세만기 | 20년납 | 9,000만원 | 4,500원 |
| | 일반상해사망 | 100세만기 | 20년납 | 9,000만원 | 6,840원 |
| | 실손의료비(상해통원형)(갱신형)(회당25만원 차방 포제비 5만원) | 100세만기 (3년갱신형) | 전기납 | 30만원 | 335원 |
| | 상해수술비(갱신형) | 100세만기 (3년갱신형) | 전기납 | 30만원 | 990원 |
| | 일반상해입원비(1일이상) | 100세만기 | 20년납 | 3만원 | 7,722원 |
| | 일반상해순환자입원비(1일이상) | 100세만기 | 20년납 | 5만원 | 1,210원 |
| | 교통사고부상발생금 | 100세만기 | 20년납 | 10만원 | 5,058원 |
| | 골절(치아파절제외)진단비 | 100세만기 | 20년납 | 20만원 | 974원 |
| | 골절수술비 | 100세만기 | 20년납 | 20만원 | 190원 |
| | 화상진단비 | 100세만기 | 20년납 | 20만원 | 134원 |
| | 화상수술비 | 100세만기 | 20년납 | 20만원 | 3원 |
| | 가족일상생활배상책임(20만원공제)(갱신형) | 100세만기 (3년갱신형) | 전기납 | 10,000만원 | 564원 |
| | 뇌혈관질환진단비(갱신형) | 100세만기 (3년갱신형) | 전기납 | 500만원 | 540원 |
| | 뇌출혈진단비 | 100세만기 | 20년납 | 1,500만원 | 13,815원 |
| | 급성심근경색증진단비 | 100세만기 | 20년납 | 2,000만원 | 5,520원 |
| | 암진단비 | 100세만기 | 20년납 | 3,000만원 | 47,250원 |
| | 암입원비 | 100세만기 | 20년납 | 10만원 | 7,300원 |
| | 암수술비 | 100세만기 | 20년납 | 200만원 | 3,820원 |

[보험 증권의 예]

### 투자자산 증빙 내역

투자상품 역시 예적금, 주식, 채권, 펀드, 저축성보험(저축보험이
나 변액보험), 부동산, 파생상품 등 다양한 형태로 존재하지만 본 내
용에서는 일반적으로 많은 사람들이 활용하는 예적금, 주식, 채권,
펀드, 저축성보험 등으로 범위를 좁혀보도록 하겠다. 이를 증빙하기
위한 자료는 다양한 서류 형태로 존재하기 때문에 다음과 같은 내용

을 위주로 정리하면 된다.

∨ 투자상품명

∨ 상품을 가입한 금융사 명

∨ 투자 시기(날짜)

∨ 투자 기간

∨ 만기 시기

∨ 월 적립금액(적금이나 적립식 펀드일 경우)

∨ 현재 평가액

∨ 이자율/수익률

## 연금자산 조회 내역

제목 그대로 노후를 위한 고유의 기능을 가지고 있는 자산을 뜻한다. 대표적으로 국민연금·공무원연금·군인연금·사학연금과 같은 공적연금, 기업을 통해 가입되어 있는 퇴직연금, 개개인 스스로 은퇴를 준비하기 위한 개인연금이 있다.

각 해당 연금 자산을 분석하기 위해 필요한 정보는 해당 기관이나 금융사 콜센터나 웹사이트를 통해서 조회가 가능하다.

• 공적연금 (국민연금 · 공무원연금 · 군인연금 · 사학연금)

공적연금이 은퇴생활의 기초적인 생활 수준을 보장해 주기 위한 자산인 만큼 자신이 나중에 매월 얼마만큼의 금액을 수령할 수 있는

지에 대해 먼저 조사해봐야 한다. 필요한 항목은 다음과 같다.

∨ 월 예상 수령액

∨ 예상 수령시기

∨ 권장하는 납입만기 시기

해당 자료는 각 공적연금을 관리하는 기관의 홈페이지나 콜센터를 통해 알아볼 수 있다.

| 공적연금 종류 | 홈페이지 주소 | 콜센터 번호 |
|---|---|---|
| 국민연금 | 국민연금공단 (www.nps.or.kr) | 1355 |
| 공무원연금 | 공무원연금공단 (www.geps.or.kr) | 1588-4321 |
| 군인연금 | 군인연금 (www.mps.go.kr) | 1577-9090 |
| 사학연금 | 사립학교교직원연금공단 (www.tp.or.kr) | 1588-4110 |

• 퇴직연금

퇴직연금은 크게 확정급여형(DB)과 확정기여형(DC), 개인형 퇴직연금(IRP)으로 나누어 볼 수 있다.

확정급여형(DB)은 직장의 인사 및 총무 담당자를 통해 현재까지의 적립금 현황을 직접 조회할 수 있으며, 확정기여형(DC)이나 개인형퇴직연금(IRP)는 자신이 선택한 금융사의 온라인뱅킹이나 고객센터 방문을 통해 현재 평가액을 조회할 수 있다.

DB형은 해당 직장에 문의하여 현재 평가액을 조회하여 기록하고, DC형이나 IRP일 경우 투자 상품으로 퇴직연금이 운용되고 있을 수 있으므로 투자상품명, 퇴직연금을 운용하는 금융사명, 가입시기, 현재 평가액을 조회하면 된다.

• 개인연금

개인연금의 종류는 여러 금융사마다 취급하는 개인연금상품이 다양하기 때문에 여러분이 가입한 개인연금 상품의 현황을 안내해주는 서류의 양식 또한 다양하다. 먼저 어느 금융사를 통해 가입을 하였는지를 확인해 보아야 하며, 다음의 항목에 따라 개인연금 현황을 정리할 것을 권장한다.

     ∨ 상품명

     ∨ 가입한 금융사명

     ∨ 가입일자

     ∨ 납입만기일

     ∨ 월 납입액

     ∨ 현재 평가(잔)액

     ∨ 세제 적격 여부(소득공제 또는 세액공제)

     ∨ 펀드명칭(변액 보험일 경우)

위의 항목들은 해당 금융사의 홈페이지나 오프라인/온라인(콜)고객센터를 통해 확인할 수 있다. 보험사 상품의 경우 보장성 보험과 같이 보험증권이나 가입설계서를 통해서도 확인이 가능하다.

## 대출 증빙서류

현재 여러분의 부채자산에 어떤 대출이 포함되어 있는지 구체적으로 정리할 필요가 있다. 부채자산은 다음의 항목에 따라 현황을 정리할 것을 권장한다.

∨ 대출상품명

∨ 대출 시기

∨ 대출 만기

∨ 대출 상환 유형

∨ 금리

∨ 변동/고정 금리 여부

∨ 현재 대출잔액

∨ 상환기간 연장 가능 여부

∨ 상환기간 연장 조건

위의 항목들은 해당 금융사의 홈페이지나 오프라인/온라인(콜)고객센터를 통해 확인할 수 있다.


## 직전 년도 원천징수 영수증

연말정산을 목표로 금융상품을 가입하였거나 소득공제 효과를 위해 신용카드나 체크카드/현금영수증 등을 통한 지출비율을 확인하고 싶다면 직전 년도 원천징수 영수증을 통해 대략적인 해당 연도의 연말정산 플랜을 정할 수 있다.

원천징수 영수증은 직전 년도에 해당하는 직장의 인사 및 총무관련 담당자에게 요청할 수 있고, 또는 국세청 홈텍스 홈페이지에 접속하여 아래와 같은 절차를 통해 조회할 수 있다.

① 인터넷에서 http://www.hometax.go.kr 접속

② 공인인증서 로그인

③ 상단메뉴에서 조회서비스 클릭

④ 좌측의 세금신고내역조회에서 지급명세서 클릭

⑤ 확인할 연도와 서식을 선택한 뒤 오른쪽에 있는 조회 버튼
    클릭 (일반 직장인일 경우 '근로소득' 선택)

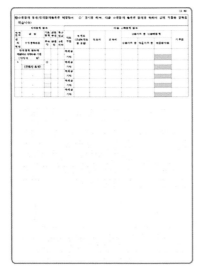

[원천징수영수증 양식]

## 부동산자산 증빙내역

부동산 자산은 본 책의 내용에서는 구체적으로 다루지 않을 예정이지만 부동산도 엄연히 자산의 일종이기 때문에, 현재 우리의 전체적인 자산 현황을 파악하기 위해서 부동산 자산 내역을 정리하는 절차는 필수적이라고 할 수 있다.

부동산 자산의 경우 형태가 다양하지만 기본적으로 본인의 명의로 된 자산을 위주로 정리할 것을 권장하며, 전월세 일 경우 임대차계약서나 등기부등본 등 부동산 자산의 구체적인 현황을 확인할 수 있는 증빙서류 등을 통해서 아래와 같은 항목 위주로 정리할 것을 권장한다.

부동산 유형(주택, 아파트, 오피스텔, 다세대, 다가구, 상가, 토지 등)

∨ 주소지

∨ 매입시기

∨ 매입가액

∨ 공시지가

∨ 실거래가

∨ 현재 공시지가

∨ 현재 실거래가

∨ 면적(평수)

∨ 담보대출 여부

## 현금흐름 정리하기

지금까지 여러분의 대략적인 재무현황을 파악하는 방법에 대하여
알아보았다. 자신의 재무현황을 파악하기 위해 보유자산 내역을 정
리하는 단계도 중요하지만 현재 소득대비 저축이나 지출이 얼마만큼
발생하는지에 대해서 정리하는 것 또한 효율적인 재무설계를 수행해
나가기 위해 매우 중요한 절차이다.

현금흐름 정리 방법은 아래와 같은 내용을 기준으로 정리하기 바
란다.

– 연간 비정기적 소득 파악하기

– 월 정기적 소득 파악하기

– 연간 비정기적 지출 파악하기

– 월 정기적 지출 파악하기


### 연간 비정기적 소득 파악하기

여기서 연간 비정기적 소득이란 연중 특정 기간에 발생하는 세 후

소득을 뜻하며 종류는 다음과 같다.

- ∨ 명절(추석, 설) 상여금
- ∨ 성과급여
- ∨ 휴가수당
- ∨ 매년 지급되는 복지수당
- ∨ 투자를 통해 발생하는 분기/반기 별 수입

### 월 정기적 소득 파악하기

여기서 월 정기적 소득이란 매월 정기적으로 발생하는 세 후 소득을 뜻하며 종류는 다음과 같다.

- ∨ 세 후 월 급여액
- ∨ 정기적인 (부동산) 임대소득
- ∨ 정기적인 사업소득
- ∨ 정기적인 이자/배당소득
- ∨ 정기적인 연금소득

### 연간 비정기적 지출 파악하기

여기서 연간 비정기적 지출이란 연중 특정 기간에 발생하는 지출을 뜻하며 종류는 다음과 같다.

- ∨ 경조사비
  - (본인/타인)생일 비용, 어버이날 비용, 결혼식/돌잔치 축의금, 부의금 등

∨ 피복비

∨ 병원비

∨ 여가비

　• 휴가비, 여행비용 등


## 월 정기적 지출 파악하기

여기서 월 정기적 지출이란 월 정기저축을 포함하여 매월 정기적
으로 발생하는 대략적인 파악이 가능한 지출을 뜻한다.

종류는 크게 저축 및 투자, 고정지출, 변동지출로 구분할 수 있으
며 각각에 해당되는 항목은 다음과 같다.

∨ 저축 및 투자: 매월 정기적으로 납입하는 저축액

　• 정기적금이나 적립식펀드 또는 연금납입료

∨ 고정지출: 매월 고정적으로 지출되는 비용

　• 보험료

　• 임차료(월세)

　• 회비

　• 교육비(장기과정으로 매월 지출이 예상되는 교육비용 등)

　• 대출 상환비용(원금과 이자)

　• 주택 고정 관리비 등

∨ 변동지출: 생활비와 같이 매월 발생하지만 비용의 폭이 항상 다른 비용

　• 생활비(식비, 외식비, 피복비 등)

- 관리비(난방, 수도, 정기, TV 등)

- 통신비(핸드폰, 집전화, 인터넷 등)

- 교통비(대중교통, 주유비 등)

- (부부)용돈

- 문화 생활비

- 교육비(매월 상이한 단기적인 교육비용)

# 08

# Step3)
# 재무현황 분석 및
# 평가하기

■

지금까지 'Step1) 재무목표 세우기'
과정을 통해서 우리가 원하는 재무목표를 구체화시켰고, 'Step2) 재무현황 파악하기' 과정을 통해서 우리가 보유중인 자산 내역과 다양한 소득과 지출을 나타내는 현금흐름 내역을 정리해보았다. 이번 Step3) 과정은 우리의 재무목표가 달성될 수 있도록 현재까지 이루어놓은 자산이 적합하게 구성되어 있는지를 판단하기 위한 '재무현황 분석 및 평가하기' 단계이다.

이번 장에서 설명할 재무현황 분석평가는 재무현황을 다음과 같이 크게 5가지 형태로 나누어 수행해 볼 것이다.

– 유동성(비상자금) 자산 분석

- 보장 자산 분석

- 저축(투자) 자산 분석

- 은퇴 자산 분석

- 현금흐름 점검

　재무목표를 달성하기 위해 수행할 재무 포트폴리오를 구성하기 위해서는 현재 재무현황에 대한 구체적인 분석이 반드시 선행되어야 한다. 이를 군사가 전투에 나가는 상황에 비유해 보자면, 군사는 전투에 참여하기 전에 싸우게 될 적(재무목표)이 누구인지 알 필요가 있다. 이에 대한 파악이 끝났다면 현재 아군의 상황이 전투에서 승리하기 위해 어떠한 수준에 이르러 있는지 파악(재무현황파악)할 필요가 있는데, 여기서 전투에 임할 때 적군으로부터 들어오는 공격을 잘 막아낼 수 있는 방패(재무현황에서 비상자금, 보장자산)가 어떤 상태인지를 파악해야 한다. 하지만 전투라는 것이 오는 공격만 잘 막아내면 되는 것이 아니기 때문에 적에게 치명상을 입힐 수 있는 무기(재무현황에서 저축자산, 은퇴자산)가 제대로 작동하는 지에 대한 파악이 필요하다. 그리고 추가적으로 전투에서 승리하기 위해 효율적인 전략(재무계획 및 포트폴리오)을 세움으로써 아군을 승리로 이끌기 위한 만반의 준비를 갖추게 되는 것이다.

이겨야 할 적 = 이루어야 할 재무목표

현재 아군의 상황 = 재무현황

방패 = 재무현황 중 비상자금, 보장자산

무기 = 재무현황 중 저축자산

전투전략 = 재무계획 및 포트폴리오

이와 같이 여러 가지 재무목표를 위한 자금을 마련하기 위해 단기, 중기, 장기적으로 저축 계획을 세우는 것도 중요하지만, 각 계획을 실행해 나아가는 과정에서 발생할 수 있는 위험을 줄이고 변동 없이 저축계획을 안정적으로 실행하기 위해서는 다양한 방어 자산도 함께 준비를 해 놓아야 한다. 따라서 이번 장을 통해 여러분의 현재 비상자금과 보장 자산 분석을 통해 다양한 위험을 방어할 수 있는지에 대해 분석하는 방법을 알아볼 것이고, 저축자산이나 은퇴자산이 여러분이 원하는 재무목표를 시기에 맞춰 달성하기 위해 어느 정도 수준까지 준비가 되어 있는지를 분석하는 방법에 대해서도 함께 알아볼 것이다. 그리고 마지막으로 현재 현금 흐름을 유지하였을 때 안정적으로 재무목표를 달성할 수 있을지에 대한 분석을 하는 방법에 대해 알아보도록 하겠다.

## 비상자금 자산 분석

우리는 살면서 항상 무언가를 사거나 실행할 자금을 마련하기 위해 '저축'이란 것을 한다. 하지만 문제는 저축을 하는 과정에서 전혀 예상치 못한 지출이 발생하기 마련이다. 예를 들면 갑작스럽게 주변에서 경조사 소식이 들려서 지출하게 되는 축의금이나 부의금이 가장 대표적이며, 또는 자동차나 가전기기와 같이 항상 사용해야 하는 물건이 고장 났을 때 당장 고치지 않고서는 생활에 지장을 줄 수 있기 때문에 발생하는 수리비도 이에 해당된다. 또는 밀린 카드사용액을 일시에 납부하기 위해 지출되는 비용도 포함될 수 있다. 결국 예상하지 못한 상황에 의한 지출 때문에 저축 계획이 깨지는 상황을 방지할 수 있도록 도와주는 단기 자금이 바로 비상 자금인 것이다.

그러면 우리는 늘 얼마만큼의 비상자금을 비축하고 있는 것이 좋을까? 이는 개인 마다 차이가 있으며 각자에 맞는 비상 자금을 파악하는 방법은 다음과 같다.

$$\text{비상자금} = \begin{Bmatrix} \text{연간 발생 가능한 비정기적 지출 금액} \\ + \\ \text{월 정기지출의 1~2배에 해당하는 금액} \end{Bmatrix}$$

## 연간 발생 가능한 비정기적 예산 파악하기

이는 이전에 Step2)에서 재무현황을 파악하기 위해 다루어 보았던 '연간 비정기적 지출 파악하기'를 참고하여 알아볼 수 있다. 물론 모든 비정기적인 지출을 매년 정확하게 예상하는 것은 불가능하지만, 본인의 과거 연간 현금 흐름을 파악해나가는 과정에서 대략 매년 비정기적인 지출 금액의 범위를 예상해 볼 수 있다. 어차피 이 과정에서는 정확한 금액을 파악하는 것이 목적이 아니기 때문에 대략적인 금액을 추측한 다음 이를 매년 발생할 수 있는 비정기적인 지출의 예산으로 보면 된다.

월 정기지출의 1~2배 해당 금액

Step2)에서 다루었던 '월 정기적 지출 파악하기'에서 알아본 저축/투자금액과 고정지출/변동지출 금액의 1~2배에 해당하는 금액을 비상자금에 포함시킬 필요가 있다. 이는 월 고정 소득이 당분간 차단되더라도 최소 1개월에서 2개월 정도는 비상자금만 가지고도 평상시 현금흐름이 유지가 될 수 있어야 한다는 뜻과 같다.

다만 여기서 주의할 점은 이는 매월 고정적인 소득이 보장되는 근로소득자에 제한된 내용이며, 월 소득이 항상 크게 변동될 수 있는 사업소득자와 같은 경우에는 1개월 2개월이 아닌 최소 6개월 이상의 정기지출 유지 자금을 항상 비축해 놓을 것을 권장한다. 사업과 같은 경우 늘 순조롭게 진행되면야 좋겠지만 그렇지 않고 경제상황에 따라 불황이 오래도록 지속되는 경우도 있기 때문이다. 이럴 경우 경제상황이 다시 좋아지게 될 때까지 견뎌낼 수 있는 자금을 충분히 가지고 있어야 한다.

## 보장 자산 분석

### 보장 자산의 필요성

살다 보면 가끔 뉴스나 신문을 통해 교통사고나 암·뇌졸중과 같은 질병으로 인해 위험한 상황에 놓이게 된 타인들의 소식을 접하게 된다. 이와 같이 사람들은 살면서 여러 가지 질병이나 상해, 또는 이러한 이유로 사망하거나 장해가 발생하는 등 다양한 위험에 노출되

어 있다. 그리고 실제로 이런 위험에 처한 당사자들과 주변인들의 정
신적 · 신체적인 고통은 감히 말로 표현할 수 없을 정도이다.

하지만 안타까운 사실은 정신적 · 신체적인 고통에서 끝나는 것이
아니라 재무적인 어려움에 처하게 될 고통 또한 무시할 수 없는데 대
표적인 예가 고액의 치료비용과 소득의 부재이다.

먼저 병원에서 치료를 받기 위해 여러 가지 비용이 발생할 수 있
고, 추가적으로 환자를 위해 간병이 필요할 경우 이로 인해 간병비용
도 발생할 수 있다. 간병비용은 구체적으로 간병인 고용비용, 가족들
이 간병을 위해 사용할 수 있는 식사나 숙박 또는 생필품 구매 비용
등이 있다. 그리고 환자가 그 가정의 소득원이었을 경우 해당 가정의

소득이 현저히 줄어들 수 있으므로 경제적인 위험에 처해질 수 있다. 그렇다면 이런 위험들을 어떻게 대비해야 할지, 또한 효율적인 대처 방안을 어떻게 마련할 수 있는지에 대해 알아보자.

### 목돈? Or 보험?

우리가 위에서 열거한 위험들을 대비하기 위해 활용할 수 있는 자산으로는 대표적으로 목돈과 보험이 있다. 보험은 보험사가 고객들로부터 보험료를 받아서 자산을 형성한 뒤, 고객이 위험에 처했을 때 그 자산의 일부를 보험금으로 지급해주는 방식으로 위험에 대비한다. 목돈은 단순히 개개인이 스스로 위험에 대비하기 위해 그 비용을 고스란히 개인 소유 계좌에 모아두는 방법을 뜻한다. 이를 위해 활용할 수 있는 금융상품으로는 은행 적금, 예금, CMA 등이 될 수 있을 것이다.

그렇다면 보험과 목돈 중에서 어떤 방법이 위험을 대비하기 위한 더욱 효율적인 대안이 될 것인가? 이 또한 각자의 장점과 단점이 존재하고, 이를 토대로 여러분이 직접 선택을 해야 할 것이다.

먼저 목돈을 이용한 위험 대비 방법의 장단점에 대해 알아보자. 목돈의 장점은 현금화하기 쉽다는 것이다. 만일 예상되었던 위험이 장기간 동안 발생하지 않고 그 사이에 결혼이나 내 집 마련과 같은 기타 재무목표를 달성할 시기에 도래한다면 이를 위해 위험 대비 자금 목표로 모아두었던 목돈을 활용할 수 있을 것이다. 그렇기 때문에 상시 현금화가 가능하다는 장점이 존재한다. 그러나 이렇게 다른 목적을 위해 활용할 경우 다시 위험대비자금을 모으기 위해 시간과 노력이 필요하다는 것이 단점으로 작용할 수 있으며, 실제로 위험이 닥친다 하더라도 웬만큼 큰 자금이 모여있지 않다면 위험을 대비하기 어려울 것이다. 그 예로 일반적인 암 치료비는 약 3천만 원을 웃도는 수준이라고 알려져 있는데, 실제 암을 위해서 목돈을 유지하고 있어야 한다면 항시 3천만 원 이상의 큰 자금을 수시입출금계좌에 장기간 동안 유치해두어야 하는 비효율적인 상황이 발생할 수 있다.

## 보장 자산 분석하기

만약 여러분이 목돈으로 위험에 대비하는 것이 비현실적이라고 판단된다면 보험을 활용할 것을 고려해보아야 할 것이다. 그렇다면 이제부터 '나는 어떤 보험을 가지고 가야 할 것인가?'에 대한 해답을 찾아야 한다.

필자가 지금까지 보험 상담을 진행해오면서 느낀 점은 보험의 가입 목적이나 경로가 의외로 다양하지 않다는 것이다. 어떻게 또는 왜 가입했는지를 질문했을 때 돌아오는 대부분의 대답은 부모님 친구분께서 부모님을 설득하시고 본인의 보험을 가입했다는 것이다. 그것이 보험을 가입한 이유이자 경로이다. 다른 이유를 몇 가지 찾아보자면 보험 가입 권유인(또는 보험설계사)이 그 가족 및 친척이거나 친구 등이다. 본인이 의욕적으로 목적의식을 가지고 철저한 분석과 평가를 통해서 가입한 경우는 극소수에 불과하다. 그러기 때문에 현재 내가 가진 보험의 상품명이 무엇인지, 무엇을 보장해주는지, 또는 앞으로 내용이 변경될 여지가 있는지 조차 모르는 경우가 부지기수다. 한걸음 더 나아간 사례로는 보험을 가지고 있었는지의 여부 조차 모르는 경우도 있다. 물론 정이 넘치는 대한민국 사회에서 이러한 일은 그리 어색한 경우도 아닐 것이다. 하지만 보험은 분명히 '자산'임과 동시에 '비용'이다. 더 구체적으로 말하자면 여러분이 전혀 생각지도 못한 위험으로 인해 자산 현황이 망가져서 불행한 상황을 맞이하는 것을 방지해주는 소중한 자산이자 무형의 방패막이고, 행여나 우리가 직접 납입하지 않더라도 우리 가족 누군가의 주머니로부터 매달 또는 매년 정기적으로 빠져나가는 위험 보장 비용이다. 그렇기 때문에 여러분에게 해당되는 보험 자산을 정확하게 파악하여 보장 내용을 최적화하고 가능한 만큼 보험료를 절감시키는 것이 여러분의 재무목표를 더욱 빠르게 달성시키기 위한 지름길이 될 것이다.

그렇다면 이제 구체적으로 여러분의 보장자산을 분석하고 평가하는 절차를 수행해 보도록 하자.

많은 사람들이 보험을 어렵게 생각하는 이유 중의 하나는 실제로 어떤 위험을 보장받아야 할 지에 대해서 잘 모르기 때문이다. 또한 내용을 상세하게 확인해볼수록 알아듣지 못할 전문용어 투성이이기 때문에 보험 상품 설명을 듣는 것이 여간 피곤한 작업이 아닐 수 없다. 결국 이에 지쳐버리다 보니 그냥 보험설계사에게 알아서 좋은 것으로 해달라는 대답을 스스로 하게 되어버리는데, 이에 대한 결과가 바로 불완전 판매로 이어진다. 누구나 그런 것은 아니지만 불완전판매는 해당 금융상품판매인에게도 분명히 문제가 있지만 소비자에게도 엄연히 책임이 있다고 보아야 한다.

보장성 보험을 가입하는 과정에서 이런 문제가 발생하는 이유는 '기준'이 없기 때문이다. 내 보장자산을 어떻게 구성해야 할 지에 대한 기준이 명확하게 정립되어 있다면 이 문제들이 대부분 자연스럽게 해결될 것이다.

필자가 제시하는 보장자산 분석 기준은 크게 두 가지 단계로 나누어 볼 수 있다.

> 나의 보장자산이 무엇을 보장하는지 분석하기
> ↓
> 각 보장내역이 어떻게 구성되어 있는지 분석하기

### 보장내역 분석하기

먼저 '무엇을' 보장받아야 하는지에 대해 알아보자. 결론적으로 아래와 같은 보장내역을 반드시 준비할 것을 권장한다.

**중요 보장내역**

| 사망 보장 | 암 보장 | 뇌질환 보장 | 심장질환 보장 | 실손의료비 보장 |

사망원인 순위 추이, 2003년-2013년

(단위: 인구 10만 명당, 명, %)

| 순위 | 2003년 사망원인 | 사망률 | 2012년 사망원인 | 사망률 | 2013년 사망원인 | 사망자 | 구성비 | 사망률 | '03 순위대비 | '12 순위대비 |
|---|---|---|---|---|---|---|---|---|---|---|
| 1 | 악성신생물(암) | 131.1 | 악성신생물(암) | 146.5 | 악성신생물(암) | 75,334 | 28.3 | 149.0 | - | - |
| 2 | 뇌혈관 질환 | 75.3 | 심장 질환 | 52.5 | 뇌혈관 질환 | 25,447 | 9.6 | 50.3 | - | ↑ |
| 3 | 심장 질환 | 35.3 | 뇌혈관 질환 | 51.1 | 심장 질환 | 25,365 | 9.5 | 50.2 | - | ↓ |
| 4 | 당뇨병 | 25.0 | 고의적 자해 (자살) | 28.1 | 고의적 자해 (자살) | 14,427 | 5.4 | 28.5 | ↑ | - |
| 5 | 고의적 자해 (자살) | 22.6 | 당뇨병 | 23.0 | 당뇨병 | 10,888 | 4.1 | 21.5 | ↓ | - |
| 6 | 간의 질환 | 20.5 | 폐렴 | 20.5 | 폐렴 | 10,809 | 4.1 | 21.4 | ↑ | - |
| 7 | 만성하기도 질환 | 19.1 | 만성하기도 질환 | 15.6 | 만성하기도 질환 | 7,074 | 2.7 | 14.0 | - | - |
| 8 | 운수 사고 | 19.0 | 간의 질환 | 13.5 | 간의 질환 | 6,665 | 2.5 | 13.2 | ↓ | - |
| 9 | 고혈압성 질환 | 10.6 | 운수 사고 | 12.9 | 운수 사고 | 6,028 | 2.3 | 11.9 | ↓ | - |
| 10 | 추락 | 7.3 | 고혈압성 질환 | 10.4 | 고혈압성 질환 | 4,732 | 1.8 | 9.4 | ↓ | - |

[국가 보건통계]

이 세상에는 다양한 위험이 존재하지만 흔히 보험이 보장해 주는 위험은 크게 질병과 상해(또는 재해)로 나누어 볼 수 있다. 상해는 대부분 운수사고와 같이 외부적인 요인으로 인해서 발생하는 위험이고, 질병은 신체 내부로부터 발생하는 위험 정도로 정의를 해 볼 수 있다. 그렇다면 여기서 퀴즈를 하나 풀어보자. 우리나라 사람들은 질병이나 상해 중에서 어떤 이유로 가장 많이 사망할 것이라고 생각하는가? 이에 대한 답을 기반으로 위험률을 정리하면 어떤 보장자산을 구성해야 할 지에 대한 기준을 대략적으로 정할 수 있다. 답을 찾을 수 있는 가장 좋은 방법은 국가보건통계를 참고하는 것이다. 대한민국 통계청은 아래와 같이 매년 사람들이 어떤 위험으로 인해 사망하는 지에 대한 통계자료를 제공한다.

다시 한번 결론부터 이야기하자면 기본적으로 아래와 같이 총 5가지를 준비할 것을 권장한다.

- 암

  위의 자료를 통해 확인할 수 있듯이 우리나라 사람들이 매년 사망하는 가장 큰 이유는 암이다. 아직까지 완치 율이 매우 낮으며 워낙 다양한 원인에 의해 발병하는 질병 중의 하나이며 치료비 또한 매우 고액이기 때문에 반드시 대비해야 하는 질병 중의 하나이다. 위의 통계 자료에서 백분율만 보아도 전체 사망 인구의 약 30%에 근접하는 수준이니 분명히 무시할 수 없는 발병 비율이 아닐 수 없다.

- 뇌질환

  그 다음으로 확률이 높은 요인은 뇌에 관련된 질환인데 일반적으로 지주막하출혈, 뇌경색, 뇌출혈, 또는 뇌졸중으로 불리는 질병이며 사망 인구의 10%에 근접하는 수준이다. 우리나라에는 예전부터 치매로 인해 고통을 받고 있는 가정이 많이 있고 현재도 계속 증가하는 추세이다. 어쩌면 이러한 현상은 인구 고령화가 가속화 되면서 발생하는 안타까운 결과 중 하나로 볼 수도 있을 것이다. 문제는 이 치매라는 질병의 큰 원인 중 한 가지가 뇌질환인데 암처럼 사망시기를 예측하기가 어렵기 때문에 가족들이 부담해야 하는 치료비 부담 수준이 만만치 않은 실정이다. 물론 나라에서 이러한 환자들을 위해 지원해주는 다양한 의료서비스가 존재하지만 아직 그 수준이 미흡한 편이다.

뇌의 혈액 순환에 문제가 발생할 때 올 수 있는 질병으로 다음과 같이 크게 2단계로 구분 지을 수 있다.

**1단계. 뇌경색:** 뇌 내의 혈관이 막혀서 피순환에 문제가 발생하는 경우.

**2단계. 뇌출혈:** 뇌 내에서 혈관이 터짐으로써 문제가 발생하는 경우.

※보험증권이나 약관에 보면 뇌줄중이라는 보장을 찾아 볼 수 있는데 보장범위는 뇌경색과 뇌출혈을 포함한다

간혹 2단계 질환이 바로 발병하는 경우도 있지만 보장 범위 측면에서 보았을 때 여러분이 가지고 있는 보험이 1단계부터 보장을 해주는 것이 가장 좋을 것이다. 다만 안타까운 것은 이런 보장범위가 넓은 보험 내역은 보험사 입장에서 손해일 수 밖에 없다. 왜냐하면 보장범위가 넓은 만큼 보험금 지급률이 높아질 테니 보험사의 수익이 감소된다는 점을 리스크로 받아들이기 때문에 뇌출혈부터 보장해주는 방향으로 바뀌어 가고 있는 추세이다. 그렇기 때문에 가능한 일찍부터 이 보장을 보험에 포함시키는 것이 좋다

• 심장질환

세 번째 요인으로는 심장 관련 질환이 있고 일반적으로 허혈성 심장질환이나 급성심근경색이 대표적인 예이다. 심장질환도 뇌 질환과

같이 보장범위 측면에서 보았을 때 급성심근경색보다 허혈성 심장질환이 더 넓다고 볼 수 있다. 다만 허혈성 심장질환도 보장범위가 넓다는 이유로 보험사에서 보장범위를 줄여나가는 추세이고, 차후 보험사의 보장 내역에서 사라질 가능성이 크기 때문에 일찍 준비할 것을 권장한다.

여기까지 암, 뇌질환, 심장질환에 관하여 알아보았고, 그 다음부터가 자살, 각종 성인병, 운수사고 등으로 나열되고 있으며 수년간 이 통계는 크게 바뀌고 있지 않다. 여기서 1순위부터 3순위 까지만 보더라도 사망률이 50%에 육박하니 우리나라 사망 인구수의 절반이 이 세가지 질병으로 인해 사망하게 된다고 해도 과언이 아니다. 그리고 투병기간 중에 투입되는 비용 또한 만만치 않으니 재무설계 시 간과할 수 없는 중요한 부분이 된다.

결론적으로 여러분이 가지고 가야 할 보험에는 암, 뇌질환, 심장질환(이하 3대 질병이라고 표현하겠다)이 포함되어 있어야 한다. 그러나 어쩌면 이런 의문점이 떠오를 수도 있을 것이다. 질병 발병 확률이라는 것이 연령대에 따라 차이가 있을 테고 연령이 높을수록 확률도 높아질 텐데 나중에 내가 발병 확률이 높은 시점이 되었을 때 준비하는 것이 좋지 않을까? 물론 일리는 있지만 이에 대한 답변은 '아니오'이다. 필자가 제시한 통계자료들은 어디까지나 과거자료이며 대한민국 평균을 나타낸 자료이다. 아무리 질병 발병확률이

50~60대 이후에 가서 높아진다 한들 내가 그 전까지 이러한 위험으로부터 안전하리라는 보장이 없다. 그리고 그때 가서 보험을 가입하겠다 하더라도 과연 보험사들이 간단히 보험을 가입시켜줄까 하는 것 또한 의문이다.

일반적으로 보험사가 보험료를 책정할 때도 이와 같은 통계를 참고한다. 보험사 입장에서 보더라도 위험 확률이 높을수록 보험료를 비싸게 책정하는 것이 합리적이기 때문에 위험 확률이 높아질 시기에 가서 보험을 가입하게 되면 보험료가 비쌀뿐더러 나이 제한으로 가입을 시켜주지 않는 경우가 태반이다. 그렇기 때문에 가능한 일찍 보장 자산을 준비하는 것이 가장 합리적인 방법이다.

그럼 여기까지 총 5개의 필요 보장자산 중에서 암, 뇌질환, 심장질환 등 세 가지까지 알아보았다. 나머지 두 가지 중 하나는 바로 사망에 대한 보장이다.

• 사망

상담을 진행하다 보면 많은 사람들이 이 사망 보장에 대한 관심이 상당히 낮다는 것을 자주 느끼게 된다. 물론 상담 시 사망이라는 단어가 거론된다는 것 자체가 거북하기도 하고, 혹시나 나한테 그런 일이 일어날까 하는 의구심 마저 든다. 하지만 실제로 이런 경험을 겪은 가정이 그 이후 어떤 어려움을 겪게 되었는지를 알아보고 진지하게 생각해본다면 결코 가볍게 볼 수 없는 리스크이다. 사망을 위험보장 자산에 포함시키기 위해서는 본인이 처한 여러 가지 상황을 고민해

보아야 하는데 대표적으로 세 가지 케이스가 있다. 첫 번째는 미혼일 경우 본인이 사망함으로써 부모님 생계 또는 노후생활에 재무적인 리스크를 안기게 될지에 대한 케이스이고, 두 번째는 현재 기혼자이고 본인이 사망함으로써 배우자와 자녀의 생계에 재무적인 리스크를 안기게 될지에 대한 케이스, 마지막으로 본인이 사망함으로써 가족들에게 고액의 상속세 부담을 안기게 될지에 대한 케이스이다.

• 실손의료비

마지막으로 필요한 보장은 실손의료비 보장이다.

일반적으로 '실비' 보험이라고 알려져 있으며, 보장범위가 넓기 때문에 많은 사람들이 가지고 있는 보험중의 하나이다. 그렇다 하더라도 대부분 실비 보험에 대해 다소 잘못 알려진 부분이 많기 때문에 뒤에서 설명할 'Step4) 재무 포트폴리오 만들기' 내용을 통해서 조금 더 정확하게 내용을 파악하기 바란다.

세상에 존재하는 질병의 개수만 1만가지 이상이 넘는데 이를 위해 모든 보장을 준비한다고 하면 그 비용이 만만치 않을 것이다. 그렇기 때문에 조금 더 보장자산 준비작업을 수월하게 하기 위해 최대한 중요한 것 위주로 보장내용을 최적화시켜 보았다. 다음 차례는 이 보장들을 어떻게 구성할 것인지에 대해 고민해볼 차례다.

## 보장구성 분석하기

위의 내용에서 설명한 바와 같이, 꼭 필요하다고 판단되는 보장내역을 어떻게 구성해야 하는지에 대한 문제 자체가 워낙 광범위하기 때문에 범위를 정할 기준을 최적화 할 필요가 있다.

필자는 여러분에게 다음과 같은 기준을 활용하여 보험을 분석 또는 설계할 것을 권장한다.

[보험 보장내용의 판단 기준]

여러분이 이 기준을 잘 활용한다면 보험 전문가 도움 없이도 스스로 탄탄한 보장자산을 준비해갈 수 있을 것이다.

• 적절한 보장 금액의 크기

이쯤에서 보험사 용어에 대해 간단히 공부해볼 필요가 있는데, 우리가 흔히 알고 있는 병원비 지원금을 '보험금' 이라고 하고 보험 서류에는 가입금액 또는 보장금액 이라고 기재되어 있다. 그리고 '보험료' 는 우리가 보험사에 납입하는 비용이다. 가끔 신문이나 뉴스에서 보면 보험금 때문에 사기꾼들이 보험금을 노리고 사고 치지 보험료를 노리는 경우는 거의 없으니 착오가 없길 바란다. 그리고 보험 계약 상 계약자, 피보험자, 수익자 라는 용어가 나오는 데 그 정의는 다음과 같다.

※ 보험계약 상 용어 정리
– 계약자: 보험료를 납입하는 사람
– 피보험자: 보험사고 발생의 객체가 되는 사람
– 수익자: 보험사고 발생 후 보험금을 수령하는 사람

그럼 우리가 공부했던 내용을 다시 돌이켜보자. 무엇을 준비할 것인가라는 질문에서 암, 뇌질환, 심장질환, 사망, 실손의료비 보장을 기본적으로 준비할 것을 권장하였으며, 얼만큼의 보장금액이 적절한 수준이 될 지에 대해 고민해봐야 한다.

• 암

이 또한 통계자료를 참고하는 것이 가장 합리적이다. 암 같은 경우 국립암센터에서 평균 암 치료비를 참고할 수 있는데 아래와 같이 평균적으로 최소 1천만 원대에서 6천만 원대 이상의 치료비가 발생한다.

그렇게 되지 않기를 바라

**주요 암 종류별 환자 1명당 비용 부담**

※교통비, 간병비 등 포함한 의료비(단위: 원)

| | 종류 | 비용 |
|---|---|---|
| 1 | 간암 | 6622만7천 |
| 2 | 췌장암 | 6371만7천 |
| 3 | 폐암 | 4657만3천 |
| 4 | 담낭암 | 4254만 |
| 5 | 위암 | 2685만6천 |
| 6 | 대장암 | 2352만 |
| 7 | 유방암 | 1768만5천 |
| 8 | 자궁경부암 | 1612만6천 |
| 9 | 방광암 | 1464만1천 |
| 10 | 갑상샘암 | 1126만3천 |

자료: 국립암센터

[암 평균 치료비 자료]

지만 우리가 암에 발병하게 된다면 위와 같은 치료비용이 지출될 가능성이 높다. 특히 보험이 없을 경우에는 지금까지 모아놓은 자산을 활용해서 이 비용을 감당하게 될 테니 남은 인생 동안 어려움을 겪게 될 수 있다. 그렇기 때문에 보험으로 이런 위험을 방어하려면 위의 자료에서 제시된 비용만큼으로 최소 3천만 원 이상은 준비할 것을 권장한다.

• 뇌질환

뇌질환 관련 비용이 얼마일지에 대한 질문의 답변은 안타깝게도 '모른다' 이다. 그렇다고 여기에 좋은 의미가 담겨있지는 않다. 이런 답이 나오는 이유는 치매와 같은 장애 판정으로 이어지는 경우 환자의 생존 기간을 예측하기가 매우 어렵기 때문에 짧게는 몇 개월에서 길게는 10여 년 이상 병원비나 요양비가 발생할 수 있기 때문이다. 최소한 월평균 비용이 50만원이라고 치면 1년간 600만원이라는 비용이 발생할 것이고 몇 년 이상 지속될 경우 최소 몇 천 만원에서 최소 억 원대의 비용이 발생될 수 있는 것이다. 게다가 정부에서 지원되는 요양비 또한 장해급수에 따라 제한적이기 때문에 여기에 100% 의존하는 것은 어려운 실정이다. 그리고 시간이 지날수록 가족들의 정신적인 스트레스와 재정적인 스트레스가 심해지기 때문에 가정의 불화까지 초래할 수 있다. 그러므로 뇌질환을 위한 보장을 준비하는 문제도 단순하게 생각할 부분이 아니며, 기본적으로 3천만 원 이상 준비할 것을 권장한다.

- 심장질환

    가끔 뉴스를 통해서 특정 유명 인사들이 허혈성 심장질환이나 급성 심근경색과 같은 심장 질환에 발병하였다는 기사들을 접할 수 있다. 일반적으로 심장질환 발병 시 지출될 수 있는 비용은 평균적으로 약 1천만원 이상으로 알려져 있다. 그러나 심장질환 관련 보험료는 암이나 뇌질환 보장보험에 비해 저렴한 수준이고, 앞으로 치료비가 증가할 위험에 대비하여 약 2~3천만 정도로 준비할 것을 권장한다.

- 사망

    사망보장이 왜 필요한지를 따져보기 전에 누구를 위한 사망보장인지를 먼저 고민해보는 것이 순서일 것이다. 앞에서 '무엇을' 위한 보장인지를 알아볼 때 미혼자들은 부모를 위한, 기혼자들은 배우자와 자녀를 위한, 또는 상속인을 위한 보장으로 사망보험을 가입할 수 있다고 설명했었다. 그렇다면 이제는 사망 보험금이 얼마나 필요할 지에 대해 고민해봐야 할 텐데 우선은 많을수록 좋다는 생각이 들 것이다. 하지만 추후에 지급받을 보험금의 크기가 커질수록 보험료가 올라갈 것이기 때문에 단순히 많이 받으면 좋겠다는 답은 그저 막연한 답일 뿐이다. 그렇다면 사망보험금은 어떻게 책정하는 것이 좋을까? 사망과 연관된 보험금이기 때문에 고민할수록 가슴이 아프고 기분이 안 좋아지겠지만 이성적으로 우리 또는 우리 주위의 사람들의 상황을 참고해 보는 것이 좋다. 한 가정의 소득원이 사망했을 때 가장 큰 문제가 되는 것은 크게 대출 상황 건과 앞으로 들어갈 생활비, 그리고 가족이 납부해야 할 상속세까지 총 세 가지로 나누어 볼 수 있다.

- 대출

요즘같이 천정부지 같은 부동산 시장에서 독립이나 결혼을 하면서 빚 없이 본인 자산만으로 집을 구매하는 사람은 없다. 엄청난 고소득자이거나 부모님의 지원을 받지 않는 이상 일부분 대출을 활용하여 집을 구매하거나 보증금을 마련하는 것이 일반적인 케이스인데, 이를 상환해나가는 과정에서 가정의 주 소득원이 사망을 하게 되면 남은 가족들이 그 대출을 모두 상환해야 하는 부담을 짊어지게 될 것이다. 더 최악의 케이스는 유일한 소득원이 사망할 경우 남은 가족들은 현재의 삶을 모두 포기하고 소득을 만들어나가기 위해 엄청난 고생을 감수해야 한다. 하지만 대출을 상환할 만한 사망보험금이 있다면 이러한 위험은 한번에 해결될 수 있다.

- 생활비

여기서 생활비의 정의는 남은 가족들이 남은 인생을 충족하게 살아가기 위한 것이 아니다. 물론 이 정도까지 준비할 수 있다면 좋겠지만, 보험료의 부담이 매우 커질 것이다. 그래서 남은 가족들이 어느 정도 자신들의 삶을 지켜 나아가기 위한 준비를 할 수 있는 시간을 벌 수 있는 비용만큼 준비하는 것이 합리적이다. 그렇다면 이 비용은 어떻게 계산하는 것이 좋을까? 기혼자일 경우 가족의 1년간의 생활비를 책정하고, 미혼자일 경우 부모님의 1년간의 생활비를 책정한 다음에 위에서 말한 준비기간을 곱하여 수 년간의 총 생활비를 산출한다. 그리고 여기에 몇 년 내로 큰 자금이 발생할 수 있는 재무이벤트들을 위한 금액을 합하여 사망보험금을 계산하는 것이다.

$$
\text{사망보험금} =
\begin{array}{c}
\text{연간 생활비(월 생활비 X 개월(月) 수 X 연(年)수)} \\
+ \\
\text{잔여 대출금 상환금} \\
+ \\
\text{남은 재무이벤트를 위한 비용}
\end{array}
$$

예를 들어 다음과 같은 상황에 놓인 가족이 있다고 가정해보자.

> ∨ 소득상황: 외벌이
>
> ∨ 자녀 2명: 첫째 자녀(대학교 2학년), 둘째 자녀(고3)
>
> ∨ 전세자금 대출 잔액: 1억
>
> ∨ 배우자가 안정적인 소득을 창출하기 위한 준비기간: 4년
>
> ∨ 현재 생활비: 월 300만원
>
> ∨ 현재 사립대학 기준 1년 학자금: 1인당 1천만 원

그렇다면 아래와 같은 계산이 도출된다.

3억 1400만원 = (월 생활비 300만원 X 12개월 X 4년)

+ 대출잔액 1억

+ 학자금 7천만 원※

※ 학자금 7천만 원 = 첫째 자녀 2~4학년 간 학자금: 3천만 원

+ 둘째 자녀 1~4학년 간 학자금: 4천만 원

결론적으로 이 가족의 주 소득원인 사람은 3억 1400만원이란 사망

보험금을 보장자산으로 준비하고 있어야 한다. 물론 부부 중 한 사람의 능력 만으로 살아가기 벅찬 것은 어느 가정이든 마찬가지이기 때문에 사망보험금이 주 소득원에게만 필요한 것은 아니다. 다만 누가 사망하느냐와 사망보험을 준비하는 시기에 그 가족이 어떤 상황인지를 잘 고려하여 계산식을 수정할 수 있을 것이다. 그리고 보험금이 올라갈수록 보험료가 비싸지기 때문에, 보험료가 부담스러워서 이 비용을 절감하고 싶다면 자신들의 상황을 잘 정리하여 계산식에 반영할 각 변수들을 잘 조절하길 바란다.

여기서 한가지 보험료를 절감할 수 있는 팁이 있는데 이는 뒤에 설명될 '보장 시기'에 관해 설명하는 부분에서 알아보기로 하겠다.

- 상속세

큰 자산을 보유한 사람이 사망을 하여 남은 가족들에게 자산이 상속될 경우, 해당 상속자들은 세법에 명시된 기준에 따라 상속세를 납부해야 한다. 이 상속세를 생전에 미리 계산하여 책정한 뒤, 계산해 놓은 상속금액만큼 사망 보험금을 설계하여 종신형 사망보험(종신보험)을 가입하면, 납부해야 할 상속세에 비해 저렴한 보험료를 납입하고 상속재원을 마련할 수 있기 때문에 사망보험을 상속플랜으로 활용하는 경우가 있다. 보험을 이용한 상속세 재원 마련은 단순하게 보험을 가입하는 과정뿐만 아니라 상속세나 증여세와 같은 세법에 대한 지식이 상당 부분 필요하기 때문에 반드시 세무사에게 문의해서 준비할 것을 권장한다.

• 실손의료비

일반적으로 사람들은 실비보험이라고 해서 5~10만원 상당의 보험료를 납입하고 있지만 실제로 순수 실손의료비 보장은 유아부터 30대 중반까지는 15,000원을 초과하지 않으며, 30대 중 후반부터 보험료가 2만원 이상으로 책정이 된다. 그리고 치료받은 병원의 종류나 치료 사유 및 범위에 따라서 해당 공제 금액을 제외한 치료비용을 지원해주는 형태이다. 다만 대부분의 사람들이 실손의료비 보장을 가입함과 동시에 다양한 특약들이 추가되어 한 보험 안에 포함된 후 패키지 형태로 가입이 되기 때문에 보험료가 5만원 이상에서 최대 20만원~30만원까지 책정되는 것이다.

실손의료비 보장은 하루라도 입원 할 경우 해당되는 (질병/상해)입원의료비 보장과 입원하지 않고 통원치료를 하는 경우 해낭되는 (질병/상해)통원의료비로 나눌 수 있다. 그리고 통원치료비는 외래비와 처방 조제비(약값)로 나눌 수 있다.

[질병/상해 실손의료비의 구성 방식]

입원의료비는 질병이나 상해로 인해 병원에 입원하여 치료를 받은 경우에 하나의 상해나 질병 당 보험가입금액을 한도로 보상해주는데, 보험가입금액은 보통 5,000만원이나 3,000만원으로 가입이 가능하지만 가능한 5,000만원으로 가입할 것을 권장한다. 다만 모든 치료비를 보장해 주는 것은 아니고 일반적으로 치료비의 90%를 보장해주며, 이 기준은 국민건강보험의 가입여부나 실손의료비 보험을 가입한 시점에 따라 차이가 있을 가능성이 있으므로 해당 약관을 참고할 것을 권장한다.

통원의료비는 질병이나 상해로 인해 통원 치료를 받거나 처방조제를 받은 경우 병원비용을 지원받을 수 있다. 일반적으로 외래비는 병원의 종류에 따라 1만원, 1만 5천원, 2만원 등을 공제한 금액을 보험가입금액 한도만큼 지원받게 되는데 가능한 25만원으로 가입할 것을 권장한다. 그리고 처방조제비는 일반적으로 8천원을 공제한 금액을 보험가입금액 한도만큼 지원받게 되는데 가능한 5만원으로 가입할 것을 권장한다. 통원의료비에 대한 자세한 사항도 해당 상품의 가입 시기에 따라 내용에 다소 차이가 있을 수 있으므로 약관을 참고할 것을 권장한다.


• 보장기간은 언제까지가 적정한가?
－ 질병/상해 보장

간단히 결론 내리자면 생존하는 기간 동안은 항상 보장받을 수 있도록 보장자산을 구성해야 한다. 다만 언제까지 생존할 지 모르는 일이기 때문에 가능한 모든 보장자산을 100세 만기 이상으로 구성하는 것이 좋다.

　－　사망 보장

앞에서 설명하였듯이 사망보장은 보장기간을 길게 설정할수록 보험료 부담이 매우 커지기 때문에 가정의 생애 재무계획에 맞게 보장기간을 설정할 것을 권장한다.

크게 세 가지로 나누어 보자.

첫 번째로 보험료를 납입할 능력이 충분히 있기 때문에 사망보험금을 모두 종신형으로 준비한다고 가정할 경우 아래와 같이 준비할 수 있다.

[종신사망보험의 보장 방식]

두 번째로 보험료를 절감해야 할 경우 사망보험금을 보장받아야 할 기간을 정해서 사망보험을 가입하는 방법이 있는데, 이렇게 기간을 설정할 경우 보험료가 매우 저렴해진다. 예를 들어, 자녀들이 독립할 시기나 부모님이 생존할 시기가 자신이 60세~65세가 될 즈음이라고 판단될 경우, 이 시기까지만 사망보험금의 보장기간을 설정할 수 있다. 이를 그래프로 표현할 경우 아래와 같다.

[정기사망보험의 보장 방식]

세 번째로 위의 두 가지 방법을 결합하는 방법 또한 가능하며, 구성 방안은 아래와 같다.

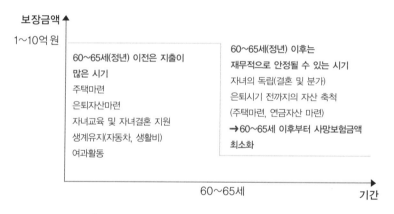

[종신사망보험과 정기사망보험을 합성한 보장 방식]

• 보험료 갱신 여부

보험을 가입했을 때 책정된 보험료가 시간이 지나면서 오르게 될 것인지 아니면 처음에 책정된 보험료가 그대로 유지될 것인지에 대해 잘 파악해야 한다. 시간이 지나면서 1년이나 3년, 5년, 10년마다 보험료가 변경되는 보험을 갱신형 보험이라고 하고, 납입 완료 시까지 보험료가 고정되어 있는 보험을 비갱신형 보험이라고 한다. 보험 보험료가 올라가는 기준은 보험료 갱신 시점의 상황에 따라 결정되는데, 해당 시기의 고객의 연령을 참고하여 비슷한 연령대의 위험률을 참고한다. 쉽게 설명하면 결국 보험료를 올리는 주체는 보험사이기 때문에 나이가 들수록 보험료를 올릴 것이고 상해 위험이나 질병 발병률이 높은 40~50대 이상의 연령대에 진입할수록 보험료를 급격하게 올릴 가능성이 높아질 것이다.

그리고 갱신형 보험의 가장 큰 리스크는 바로 보험료 납입 만기 기간이 없다는 것이다. 바로 뒤에서 설명하겠지만 갱신형 보험은 보험료가 매번 오름과 동시에 보장 만기 시까지 보험료를 계속 납입해야 하기 때문에, 은퇴 이후 무소득 시기 동안에도 보험료를 납입해야 한다는 위험이 존재한다. 그러나 비갱신형 보험은 보험료 납입기간이 결정되어 있기 때문에 가입 시점에 고객이 언제까지 보험료를 납입할 지를 결정할 수 있다. 가능한 본인이 예상되는 앞으로의 소득 기간 동안 보험료 납입을 완료시키는 것이 합리적이다.

그렇다면 갱신형 보험은 가입 안 하는 것이 무조건 현명한 것일까? 갱신형 보험의 장점은 비갱신형 보험보다 보험료가 비교적 저렴하다는 것이다. 그래서 현재 소득 수준이 낮은 사람은 급하게라도 갱신형 보험을 가입하여 보장자산을 준비하는 것이 좋다. 하지만 언젠가는 소득수준을 최대한 높여서 가능한 빨리 비갱신형 보험을 변경할 것을 권장한다. 한가지 안타까운 점은 사람들이 가장 유용하게 활용하고 있는 실손의료비 보장은 현재 우리나라 어느 금융사에서던 갱신형으로만 가입할 수 있다.

- 보험료 납입은 언제까지 하는 것이 좋을까?

보장기간은 최대한 오래 유지하되 보험료 납입기간은 경제적인 은퇴시기 전에 완료시키는 것이 좋다. 물론 가능한 빨리 납입을 완료 시키고 저축률을 높이는 것이 좋겠지만 전체 납입기간이 짧을수록 보험료가 올라가는 구조이기 때문에 월 소득과 지출, 월 저축 금액을 고려하여 결정하는 것이 좋다.

- 적절한 보험료는 얼마일까?

가능한 월 소득의 7% 내외 선에서 결정할 것을 권장한다. 다만 앞서 설명했듯이 무소득이거나 월 소득이 비갱신형 보험을 가입할 수 없을 정도의 수준이라고 판단된다면 갱신형 보험으로 준비할 것을 권장한다. 그러나 갱신형 보험은 앞서 설명했듯이 보험료 납입 완료 기간이 없고 보험사의 상황에 맞춰서 보험료가 지속적으로 인상될 수 있음을 참고하기 바란다.

여기까지 스스로 보장자산을 구성할 수 있는 기준을 안내했는데 요약해보면 다음과 같다.

| 1. 무엇을 보장받을 것인가? | 2. 어떻게 보장받을 것인가? |
|---|---|
| − 암 보장<br>− 뇌질환 보장<br>− 심장질환 보장<br>− 사망보장<br>− 실손의료비 보장 | − 보장기간은 가능한 길게<br>• 100세 만기 이상으로 설정<br>− 보장금액(가입금액) 크기는<br>  가능한 크게<br>• 암, 뇌질환, 심장질환: 5천만원<br>• 실손의료비<br>  · 질병/상해 입원의료비: 5천만원<br>  · 질병/상해 통원의료비: 30만원<br>− 가능한 비갱신형 보험으로<br>− 보험료 납입기간은 소득기간 내에<br>  완료되도록 설정<br>− 보험료 적정 금액은 월 소득대비<br>  7% 내외로 |

현재 보험료를 납입할 여유가 없어서 보험 가입이 되어 있지 않은 상황이라면 먼저 실손의료비 보장을 가입하고 나머지 보장은 추후에 소득이 올라가는 시점에서 추가하는 것도 좋은 방법이다.

## 저축(투자) 자산 분석

오랜만에 등장한 우리의 임 모씨. 어느 날 길을 가다가 문득 언덕에 위치한 한강을 바라보는 집 한 채를 발견한다.

'아침에 잠에서 깰 때마다 내 방에서 한강이 펼쳐지는 경관을 매일 볼 수 있다면 얼마나 좋을까? 언제나 상쾌한 마음으로 하루를 시작할 수 있겠지?'

임 모씨는 나중에 그 집을 사기로 마음 먹고 망설임 없이 바로 근처의 부동산 중개업소로 들어간다.

임 모씨는 계산을 해 본다. 지금 7억 원정도 가지고 있으니 1년에 1억 원씩 저 모아서 3년 뒤에 꼭 저 집을 사고 마리라.

그래서 계획대로 열심히 3년간 돈을 모았고, 그때 들렀던 부동산 중개업소로 다시 찾아간다.

이 세상에는 수요공급의 법칙이라는 것이 존재한다. 우리가 거래를 할 수 있는 모든 물건의 가격은 수요와 공급의 법칙에 의해서 결정이 되는데, 그 물건의 개수에 비해 구매하고 싶어하는 사람이 더 많을 경우 물건 가격은 올라가게 되고, 반대로 구매할 사람의 수에 비해 물건 개수가 많을 경우 물건 가격은 떨어진다는 것이 이 법칙의 이론이다.

위의 임 모씨의 사례도 이런 수요공급의 법칙의 예를 잘 설명해주

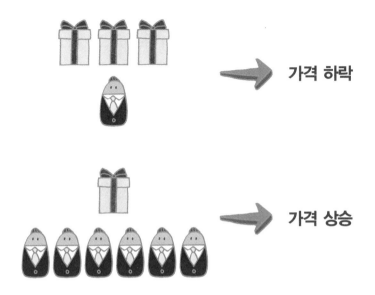

고 있다. 임 모씨의 취향이 매우 독특하지 않은 이상 임 모씨가 원하는 집은 남들도 선호할 만한 매력을 갖추고 있을 가능성이 높다. 따라서 그 집을 구매하길 원하는 사람들이 많아지게 될 것이고, 현재 집주인은 자신에게 더 높은 가격을 제시할 수 있는 사람에게 그 집을 팔게 될 것이다. 다르게 표현하자면, 하나뿐인 물건에 구매자의 수가 늘어나면 판매자 또는 공급자의 힘이 막강해 지는 것이고, 팔 물건이 넘쳐나는데 살 사람이 얼마 없다는 것은 구매자의 힘이 막강해지고 반대로 판매자의 힘이 약해졌다는 것이다. 결론적으로 물건 가격을 결정할 수 있는 권한을 가진 사람은 힘 있는 쪽이다.

일종의 경매와 같은 원리가 여기서도 발생하는 것이다. 어쩌면 경매라는 시스템이 수요공급의 법칙을 가장 잘 대변하지 않을까 싶다. 야구 역사의 전설로 남은 베이브 루스가 지난 1918년 소속팀 보스턴 레드삭스와 체결한 연봉계약서가 경매에 오른 일이 있었다. 경매 결과 이 연봉계약서는 10억 원에 낙찰되었다. 베이브 루스는 커녕 야구에 관심이 전혀 없는 사람들에게는 이런 일이 상상이나 할 수 있는 일이었을까? 나의 연봉계약서도 아닌 얼굴도 모를 사람의 연봉계약서이다. 그것도 100년이나 지난 종이쪼가리에 불과한 이런 낡은 서류를 10억 원에 산 사람이 있다는 사실이 놀라울 따름이다. 그러나 낙찰가가 이런 고가의 금액까지 올라갔다는 뜻은 사람들이 생각하는 이 서류의 가치가 그만큼 높았다는 뜻으로 해석할 수 있다.

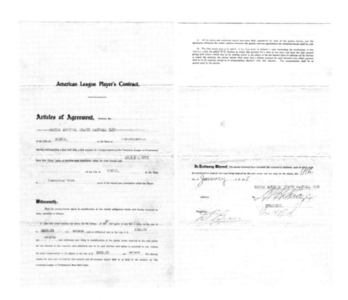

[경매에 올라온 베이브루스의 연봉계약서]

그렇다면 이 수요공급의 법칙이란 것이 투자와 어떤 관련이 있을까? 우리가 활용할 수 있는 모든 투자 수단은 이 수요공급의 법칙이란 것이 존재하기 때문에 가능한 것이다. 다시 임 모씨의 이야기로 돌아가보자. 임 모씨가 만약 그 집을 발견할 당시에 바로 구매를 할 수 있었다면, 그 집의 가격이 3년 간 10억 원에서 11억 원까지 상승했기 때문에 임 모씨도 3년 만에 가만히 앉아서 1억 원이란 돈을 벌 수 있었을 것이다. 임 모씨에게 1억 원이라는 돈은 1년 동안 열심히 벌고 열심히 아껴서 모을 수 있는 최대 금액이었다. 그런 돈을 아무 것도 안하고 단지 그 집을 원하는 사람이 늘었다는 이유 하나만으로 손쉽게 벌 수 있다는 뜻이다.

주식을 예로 들어보자. 많은 사람들이 삼성전자의 주식에 투자를 한다. 그런데 왜 삼성전자 주식에 투자를 할까? 그 이유는 삼성전자가 앞으로 더욱 성장을 해서 기업가치가 향상될 것이란 상황을 기대하기 때문이다. 1998년 당시 4만원 대에 머물렀던 삼성전자의 주식 가격은 2012년에 158만원 대까지 올라가기도 했었다. 물론 그 사이에 가격 변동이 분명히 존재하였지만 장기로 바라보았을 때 분명히 14년 만에 40배에 가까운 가격 상승이 존재했다. 이런 상황이 발생하기까지 수많은 이유가 존재했겠지만 많은 투자자들이 삼성전자의 미래가치를 높게 평가했다는 결론에는 누구나 동의할 수 있을 것이다.

물론 이러한 수요공급의 법칙이 가끔 비현실적인 투기로 이어져서 피해자를 양산시키는 경우도 있었다. 이와 같은 투기 때문에 문제가 발생했던 역사적인 사례에 대해 소개해보고자 한다.

## 투기 열풍의 대명사, 튤립

1588년 스페인 무적함대가 영국 원정에서 참패한 뒤 동인도회사는 해상무역을 주도하며 엄청난 돈을 벌었고 암스테르담은 세계 금융의 중심으로 위상을 떨쳤었다. 많은 돈을 번 네덜란드 상인들은 거대한 저택을 짓고 진귀한 것들로 집을 꾸몄다. 그러자니 당연히 꽃도 많이 필요했을 것이다. 돈을 주체할 수 없었던 네덜란드인들은 특히 튤립에 꽂혔는데 그 중에서도 무늬와 색이 특이한 희귀종 튤립은 값을 불문하고 사들이려 했었다.

역사상 가장 비싼 튤립의 이름은 '영원한 황제'란 뜻의 '셈페르 아우구스투스(Semper Augustus)'이다. 1630년경 당시 목수나 재단사의 연평균 소득이 150~300플로린 정도였는데, 이 꽃은 한 뿌리에 5500플로린에 팔렸다고 한다. 목수가 20년 가까이 일해야 튤립을 한 뿌리 살수 있었던 것이다.

이처럼 꽃의 가격이 비싸지다 보니 사람들은 그림에서 조차 값비싼 꽃을 그린 정물화를 원했다. 그림으로라도 그 희귀한 꽃을 가지고 싶었던 것이다. 사람들의 이러한 수요에 맞추기 위해 화가들은 꽃 정물화를 많이 그렸고, 보다 화려한 그림을 위해 같은 계절에 피지 않는 꽃들을 서로 짜깁기해서 하나의 화폭에 담아내기도 했다. 부자들이 튤립을 사들여 값이 오르자 서민들까지 튤립 사재기에 가세했고, 사람들이 몰려드니 튤립 값은 하늘 높은 줄 모르고 계속 치솟았다.

사태가 그렇게 진전된 데는 선물거래가 한 몫을 했다. 겨울에 묻혀져 있는 튤립의 뿌리가 만개할 때 인도하기로 약속을 정하고 어음결제로 거래를 한 것이다. 당장 현찰이 나가지 않으니 튤립을 사자는 사람들이 몰려들었다.

튤립 거품은 1634년부터 3년간 커지다가 1637년에 한 순간에 터져버렸다. 현물을 인도하거나 결재해야 하는 시기가 오자 사람들이 튤립 가격이 비현실적으로 높게 책정된 것을 깨닫기 시작한 것이다.

우리는 가끔 언론매체를 통해 투자에 실패한 사례들을 심심치 않게 접하곤 한다. 그만큼 일생 동안 피땀 흘려 모은 돈을 섣부른 투자로 한 순간에 날리는 일이 우리 주위에 비일비재하게 생기고 있다는 뜻이다. 그런데도 우리는 투자라는 것을 해야만 할까? 직장 또는 가사업무, 가족 또는 연인과의 시간에 집중하는 것만 해도 벅찬데 왜 없는 시간도 만들어서 공부해가며 투자를 해야 하는 것일까? 그냥 마음 편히 은행의 예적금만 이용하면 모든 것이 해결되는 것 아닐까?

문제는 바로 저금리 현상에서 찾아볼 수 있다. 앞서 임 모씨가 3년 동안 1년에 1억 원씩 저축을 할 때 장독대에 돈을 묶어두며 저축을 했을까? 분명히 은행의 저축을 활용했을 것이다. 그리고 고금리 시대에 저축을 했었다면 3년 뒤에 이자수익이 발생했을 것이기 때문에 원금에 이자를 포함하여 그 집을 구매했을 수도 있다. 하지만 문제는 시간이 갈수록 은행 저축 금리는 하향세로 접어들고 있다는 것이다. 현재 우리나라의 예적금 평균금리는 2014년 하반기 기준으로 모두 3% 미만에서 머물고 있다. 지난 1990년대 당시의 은행 금리를 조사해보면 10% 후반대에 육박하기도 했었다. 그런데 그러한 초고금리에서 현재 금리까지 떨어져버린 것이다. 그렇다면 현재의 금리 수준이 밑바닥일까? 과연 여기서 더 떨어질 수는 없는 것일까? 우리보다 경제상황이 시대적으로 앞서있다고 하는 미국이나 일본의 은행금리만 보더라도 저축 이자율이 1% 미만이다. 그렇다면 앞으로 우리나라도 그렇게 될 가능성이 충분히 존재할 것이다.

그렇다면 우리는 어떻게 투자에 임해야 할까? 필자는 여러분에게 투자에 대한 정의를 바꿔야 한다는 메시지를 전달하고 싶다. 우리가 일을 하지 않아도 될 만큼 큰 목돈을 만들 수 있는 인생역전의 기회를 제공하는 행위가 아닌, 우리가 가지고 있는 또는 앞으로 벌게 될 돈의 가치가 물가상승으로 인해 떨어지지 않게 하기 위한 행위를 투자라고 정의하고자 한다. 외국에 비해 근로시간도 길고 업무강도도 강한 한국의 직장생활을 버텨나가는 것이 한국 사회인들의 현실이다. 물론 자아실현을 목표로 하기도 하지만 우리가 직장생활을 열심히 하는 근본적인 이유는 안락한 인생을 살기 위한 돈을 벌기 위해서이다. 그런데 아무리 돈을 벌어도 상품의 가격이 상승해서 내가 원하는 것을 사거나 원하는 것을 할 수 없다는 것이 얼마나 속상한 일인가? 그러나 이러한 상황은 실제로 발생하고 있고 이를 극복할 수 있는 방법은 두 가지뿐이다. 우리의 소득을 높이거나 또는 투자를 통해 우리의 돈의 가치를 높이는 것뿐이다. 자산 관리사로서 필자의 역할은 여러분의 돈의 가치를 높일 수 있도록 도와주는 것이다. 이 책을 통해서 문제가 해결되지 않는다면 여러분의 가치를 높여서 소득을 올릴 수 있을 만한 자기개발에 몰두하기 바란다.

이번 장에서는 우리가 일반적으로 활용할 수 있는 투자 상품을 분석하는 방법에 대해 이야기해 볼 것이다. 이전 장에서 정리한 여러분의 저축(투자)자산이 현재 여러분의 상황에 적합한 자산인 지를 구체적으로 분석해 볼 것이다. 앞서 언급했듯이 저축 및 투자 상품의 종류가 워낙 다양하기 때문에 본 내용에서는 예적금, 주식, 펀드, 채권 내에서 설명할 것이다.

### 투자성향 분석

우리가 가지고 있는 저축투자상품을 분석하기 위해 첫 번째로 수행해야 할 과제는 우리의 투자성향을 분석하는 것이다.

사람들이 가장 많이 활용하는 저축 상품으로 은행이나 우체국 또는 새마을 금고 등에서 취급하는 예적금 상품이 있으며, 정기적금, 자유적금, 정기예금 등 종류가 다양하다. 그 이외의 저축투자상품으로 펀드나 주식 채권 등이 있으며 부동산투자를 활용하는 사람들도 쉽게 찾아볼 수 있다.

이러한 금융상품들은 각 상품의 특성에 따라 기대할 수 있는 수익도 천차만별이다. 당연히 은행에서 취급하는 예적금이 안정적으로 운용되기 때문에 안정성이 가장 높을 것이고 나머지 투자상품들은 관련된 투자처에 따라 위험성이 높을 가능성이 있다. 그러나 투자의 세계가 언제나 그렇듯이 안정성이 높을수록 따라오는 기대수익은 낮을 수 밖에 없고, 위험성이 높을수록 기대수익이 높아지는 이른바 High Risk High Return의 법칙이 반영된다. 그러나 항상 안정적인

저축만 선호할 경우 기대수익이 너무 낮기 때문에 나의 자산 가치가 물가상승률을 따라갈 수 없을 가능성이 존재하며 이 자체가 재무적 리스크로 작용할 가능성도 배제할 수 없다. 그렇다고 마냥 위험한 투자만 할 수도 없는 노릇이다.

그렇다면 우리는 어느 정도의 위험을 허용하는 수준에서 투자에 임해야 하는 것일까? 이러한 것을 알아보는 과정을 투자 성향 분석이라고 하며, 투자적합성 진단, 투자손실 허용도 체크 등을 포함한 다양한 방법이 존재한다.

### 투자적합성 진단

투자적합성 진단이란 다양한 객관식 질문으로 구성된 설문을 통해 본인에게 해당되는 답을 체크함으로써 어떤 투자성향인지를 알려주는 간접적인 투자성향 테스트이다. 물론 시간이 지나면서 투자 경험을 할수록 투자적합성 진단에서 묻는 질문에 대한 답변 또한 바뀔 가능성이 높지만, 해당 시기에 본인의 투자 성향을 알아볼 수 있는 방법 중의 하나이다. 테스트 방식은 아래와 같다.

---

**1. 당신의 연령대는 어떻게 됩니까?**

① 19세 이하

② 20세~40세

③ 41세~50세

---

④ 51세~60세

⑤ 61세 이상

2. 투자하고자 하는 자금의 투자 가능 기간은 얼마나 됩니까?

① 6개월 이내

② 6개월 이상~1년 이내

③ 1년 이상~2년 이내

④ 2년 이상~3년 이내

⑤ 3년 이상

3. 다음 중 투자경험과 가장 가까운 것은 어느 것입니까? (중복 가능)

① 은행의 예·적금, 국채, 지방채, 보증채, MMF, CMA 등

② 금융채, 신용도가 높은 회사채, 채권형펀드, 원금보존추구형ELS 등

③ 신용도 중간 등급의 회사채, 원금의 일부만 보장되는 ELS, 혼합형펀드 등

④ 신용도가 낮은 회사채, 주식, 원금이 보장되지 않는 ELS, 시장수익률 수준의 수익을 추구하는 주식형펀드 등

⑤ ELW, 선물옵션, 시장수익률 이상의 수익을 추구하는 주식형펀드, 파생상품에 투자하는 펀드, 주식 신용거래 등

4. 금융상품 투자에 대한 본인의 지식수준은 어느 정도라고 생각하십니까?

① [매우 낮은 수준]투자의사 결정을 스스로 내려본 경험이 없는 정도

② [낮은 수준]주식과 채권의 차이를 구별할 수 있는 정도

③ [높은 수준]투자할 수 있는 대부분의 금융상품의 차이를 구별할 수 있는 정도

④ [매우 높은 수준]금융상품을 비롯하여 모든 투자대상 상품의
　　차이를 이해할 수 있는 정도

5. 현재 투자하고자 하는 자금은 전체 금융자산(부동산 등을 제외) 중
　 어느 정도의 비중을 차지합니까?
　① 10% 이내
　② 10% 이상~20% 이내
　③ 20% 이상~30% 이내
　④ 30% 이상~40% 이내
　⑤ 40%

6. 다음 중 당신의 수입원을 가장 잘 나타내고 있는 것은
　 어느 것입니까?
　① 현재 일정한 수입이 발생하고 있으며, 향후 현재 수준을
　　 유지하거나 증가할 것으로 예상된다.
　② 현재 일정한 수입이 발생하고 있으나, 향후 감소하거나
　　 불안정할 것으로 예상된다.
　③ 현재 일정한 수입이 없으며, 연금이 주수입원이다.

7. 만약 투자원금에 손실이 발생할 경우 다음 중 감수할 수 있는
　 손실 수준은 어느 것입니까?
　① 무슨 일이 있어도 투자원금은 보전되어야 한다.
　② 10% 미만까지는 손실을 감수할 수 있을 것 같다.
　③ 20% 미만까지는 손실을 감수할 수 있을 것 같다.
　④ 기대수익이 높다면 위험이 높아도 상관하지 않겠다.

• 문항별 점수표

| 구 분 | | 문 항 | | | | | | |
|---|---|---|---|---|---|---|---|---|
| | | 1번 | 2번 | 3번 | 4번 | 5번 | 6번 | 7번 |
| 보 기 | ① | 12.5점 | 3.1점 | 3.1점 | 3.1점 | 15.6점 | 9.3점 | −6.2점 |
| | ② | 12.5점 | 6.2점 | 6.2점 | 6.2점 | 12.5점 | 6.2점 | 6.2점 |
| | ③ | 9.3점 | 9.3점 | 9.3점 | 9.3점 | 9.3점 | 3.1점 | 12.5점 |
| | ④ | 6.2점 | 12.5점 | 12.5점 | 12.5점 | 6.2점 | – | 18.7점 |
| | ⑤ | 3.1점 | 15.6점 | 15.6점 | – | 3.1점 | – | – |

※ 앞서 체크한 번호에 해당하는 점수를 확인·합산 후에 자신의 투자성향을 파악하고, 그에 따른 투자전략을 살펴보도록 한다.(위 점수표는 문항별로 중요도에 따라 가산점을 달리한 것이다.)

• 투자성향별 점수표

| 투자성향 | 점 수 |
|---|---|
| ① 안정성 | 20점 이하 |
| ② 안정성추구형 | 20점 초과~40점 이하 |
| ③ 위험중립형 | 40점 초과~60점 이하 |
| ④ 적극투자형 | 60점 초과~80점 이하 |
| ⑤ 공격투자형 | 80점 초과 |

① 안정형: 예금이나 적금 수준의 수익률을 기대하며, 투자원금에 손실이 발생하는 것을 원하지 않는다. 원금손실의 우려가 없는 상품에 투자하는 것이 바람직하며 CMA와 MMF가 좋다.

② 안정추구형: 투자원금의 손실위험은 최소화하고, 이자소득이나 배당소득 수준의 안정적인 투자를 목표로 한다. 다만 수익을 위해 단기적인 손실을 수용할 수 있으며, 예·적금보다 높은 수익을 위해 자산 중의 일부를 변동성 높은 상품에 투자할 의향이 있다. 일반적으로 채권형펀드가 적당하다.

③ 위험중립형: 투자에는 그에 상응하는 투자위험이 있음을 충분히 인식하고 있으며, 예·적금보다 높은 수익을 기대할 수 있다면 일정수준의 손실위험을 감수할 수 있다. 적립식펀드나 주가연동상품처럼 중위험 펀드로 분류되는 상품을 선택하는 것이 좋다.

④ 적극투자형: 투자원금의 보전보다는 위험을 감내하더라도 높은 수준의 투자수익을 추구한다. 투자자금의 상당 부분을 주식, 주식형펀드 또는 파생상품 등의 위험자산에 투자할 의향이 있다. 국내외 주식형펀드와 원금비보장형 주가연계증권(ELS) 등 고수익·고위험 상품에 투자할 수 있다.

⑤ 공격투자형: 시장평균수익률을 훨씬 넘어서는 높은 수준의 투자수익을 추구하며, 이를 위해 자산가치의 변동에 따른 손실위험을 적극 수용할 수 있다. 투자자금 대부분을 주식, 주식형펀드 또는 파생상품 등의 위험자산에 투자할 의향이 있다. 주식 비중이 70% 이상인 고위험 펀드가 적당하고, 자산의 10% 정도는 직접투자(주식)도 고려해볼 만하다.

## 투자손실 허용도 체크

이전 장에서 설명했던 투자적 적합성 진단은 단순히 설문에 답하는 것만으로도 투자 성향을 도출해 낼 수 있다는 장점이 있지만, 실제 투자자의 성향을 그대로 반영하는 결과값이 나오는 지에 대해서는 미지수라는 결점이 있다. 왜냐하면 실제로 투자를 해봤거나 현재 투자할 수 있는 자산의 규모에 따라 답변이 항상 바뀔 수 있기 때문이다. 그러나 현실적으로 짧은 시간 내에 투자 성향을 판단할 수 있을만한 좋은 방법이 달리 없기 때문에 금융사에서 고객의 투자성향을 실시간으로 분석하기 위해서 이 방법을 사용하고 있다.

단순히 설문지를 작성하는 방식 말고도 투자자의 투자성향을 파악해 볼 수 있는 방법 중의 하나가 바로 '투자손실 허용도 체크'이다.

이는 투자자가 특정 투자수단을 활용함으로써 발생할 수 있는 최대 손실과 최대수익을 계산한 뒤, 결과값으로 나온 최대 수익을 위해 어느 정도의 손실까지 감수할 수 있는지를 미리 알아보는 방식이다.

방법은 다음과 같다.

① 원하는 투자 방식을 선택한다.

② 투자 가능 금액(거치금액 또는 월(月)적립금액)과 기간을 선택한다.

③ 해당 투자를 수행했을 때 예상되는 연간 최대 손실과 최대 수익을 결정한다.

④ 손실이나 수익이 발생했을 때의 각 결과치를 계산한다.

---

**예1) 적립식 투자일 경우**

　① 주식형펀드를 활용할 계획임.

　② 월 100만 원씩 3년간 적립이 가능함.

③ 주식형펀드 활용 시 연 8%의 손실이나 수익이 발생할 것으로 예상됨.

④ 위의 내용대로 계산하면 3년 뒤에 3600만원이 적립되고 연 8% 씩 손해나 수익이 발생할 경우 3년 뒤 누적되어 24%의 손실이나 수익으로 인해서 864만원의 손해를 보거나 또는 864만원의 수익이 발생할 것으로 예상된다.

⑤ 과연 864만원의 수익을 얻기 위해 864만원의 원금 손실을 감수할 수 있을지 스스로에게 질문을 던져본다.

**예2) 거치식 투자일 경우**

① 주식형펀드를 활용할 계획임.

② 1000만의 거치투자가 가능함.

③ 주식형펀드 활용 시 연 8%의 손실이나 수익이 발생할 것으로 예상됨.

④ 위의 내용대로 계산하면 3년 뒤에 연 8%씩 손해나 수익이 발생할 경우 24%의 손실이나 수익으로 인해서 240만원의 손해를 보거나 또는 240만원의 수익이 발생할 것으로 예상된다.

⑤ 과연 240만원의 수익을 얻기 위해 240만원의 원금 손실을 감수할 수 있을지 스스로에게 질문을 던져본다.

여기서 도출된 각 손해금액을 투자자가 감당할 수만 있다면 이 투자는 충분히 활용 가능하다는 가정을 하는 것이다. 그리고 분산 투자를 활용할 경우 각 투자 상품에 대한 계산을 한 뒤에 결과값을 합쳐서 활용하는 것도 가능하며, 예적금에 같은 투자금액과 기간을

반영하여 얻을 수 있는 만기금액을 기준으로 두고 결론을 도출할
수 있다.

---

**• 예)**

**• 정기 적금만 활용 시:**

단위:만원, 기간: 월(月)

| 보수적 투자상품 활용 시 | 상품 | 월 적립금 | 기간 | 예상수익률 | 만기금액 |
|---|---|---|---|---|---|
| | 정기적금 | 300 | 36 | 연간 약+1.3% | 11,221 |

**총 만기금액**

Case1. 정기적금만기금액    11,221만원

**• 투자 활용 시:**

단위:만원, 기간: 월(月)

| 보수적 투자상품 활용 시 | 상품 | 월 적립금 | 개월 | 예상수익률 | (만원) |
|---|---|---|---|---|---|
| | 정기적금 | 150 | 36 | 연간 약±1.3% | 5,611 |
| | 채권형 펀드 | 150 | 36 | 연간 약±3% | 수익:5,886 손실:4,914 |

**총 만기금액**

Case1. 채권형 펀드 손실 시    11,497만원
Case2. 채권형 펀드 수익 시    10,525만원

**• 결론:**

같은 금액으로 정기적금을 활용했을 때 1억 1,211만원을 모을 수 있지
만, 투자를 일부 활용할 경우 투자 수익이 발생하면 약 1억 1,497만원
을 모을 수 있고, 투자 손실이 발생하면 약 1억 525만원 밖에 못 모을
수도 있다. 만약 투자자가 손실 가능성을 감수해서라도 11,497만원의
만기금액을 원할 경우 투자를 활용하면 되고, 그렇지 않을 경우 정기
적금만 활용할 것이다.

다만 이 투자 성향 분석 방법의 결점은 각 투자 방식의 연 기대 손수익을 가정하는 것이 쉽지 않기 때문에 어디까지나 참고자료로 활용하는 것이 좋다.

### 단기, 중기, 장기 재무목표 재점검

우리가 Step1)에서 세웠던 재무목표에 해당하는 자금을 마련하기 위해 저축이란 것을 해야 한다. 우리의 소득 수준이 뒷받침해주지 않는 이상, 우리가 계획한 모든 재무목표를 수월하게 달성하기란 쉬운 것이 아니다. 따라서 우리는 투자를 통해 수익을 발생시킴으로써 현실과 이상의 차이를 좁혀야 할 것이다. 다만 문제는 주위 사람들이 수익을 봤다는 근거 없는 소문만 듣고 함부로 투자했다가는 낭패를 보기 십상이다. 따라서 이러한 위험을 줄여주기 위해 투자에 관한 지식을 쌓고 자신에게 적합한 투자방식을 효율적으로 찾아야 한다.

이전 장까지는 우리 자신의 투자 성향을 알기 위한 진단을 하는 방법에 대해 알아보았다. 이번 내용에서는 우리의 재무목표를 기준으로 투자 적합성을 분석하는 방법에 대해 이야기해보도록 하자.

### • 각 목표 별 중요성 점검

우리가 달성하고자 하는 재무목표가 많은데 투자자가 예상하기에 그때까지 벌 수 있는 돈이 한정되어 있다고 판단된다면, 우리는 현실을 냉정하게 받아들여 목표수정을 해야 한다. 다만 어느 하나 조금도 양

보하지 못한다면 각 재무목표마다 우선순위를 정해보는 것도 좋은 방법이다. 달성 순서를 바꿔 보는 것이다. (이것도 불가능하다고 판단되면 과감히 목표를 수정하라. 꿈을 버리지 못해 과도한 대출을 계획하고 있다면 그것은 꿈이 아닌 욕심일 수도 있다.)

• **목표 별 필요금액의 상/하한선 정리**

재무 목표를 수정하는 방법은 크게 기간이나 필요금액을 변경하는 것으로 구분 지을 수 있다. 기간을 뒤로 늦추거나 또는 필요 금액을 낮춘다고 하면 목표를 달성할 가능성이 좀더 높아질 것이다. 다만 현실적으로는 무작정 목표를 낮추다 보면 계획을 실행해 나가는데 집중도가 다소 떨어지는 경향이 있다. 왜냐하면 목표를 낮출수록 비교적 금액이나 시간적으로 여유가 생기기 때문에 계획 실행 과정 중에서 충농 구매 회수가 잦아지는 경우가 있다. 그렇게 되면서 점점 더 목표와 멀어져 가는 것이다. 그렇기 때문에 재무목표에서 금액과 시기를 확정하되 목표를 달성할 시기가 되었을 때 어느 정도의 범위 내에서 실행 수준을 변경시킬 수 있을지도 함께 고려해 볼 것을 권장한다.

이러한 과정을 통해서 각 재무목표에 대입시킬 수 있는 투자 위험성을 파악해보고, 이를 기준으로 현재 유지중인 투자상품이나 앞으로 활용할 투자 상품의 위험성을 평가할 것을 권장한다.

## 투자자산 별 내용 정리

### • 주식

주식 투자는 어느 기업의 주식에 투자를 할 것인가에 따라 위험 수준의 차이가 크며, 이것을 위한 설명만 하려고 해도 몇 권의 책으로도 부족한 분량이기 때문에 간략히 집고 넘어가보자 한다.

일반적으로 주식 투자 분석 전략은 기본적 분석과 기술적 분석이 존재한다. 기본적 분석은 기업의 사업성이나 회계분석을 통해 기업의 실질적인 내재가치를 판단함으로써 주식의 가치를 분석하는 방법이고, 기술적 분석이란 해당 주식이 지금까지 그려온 과거 그래프의 변동성에서 활용할 만한 가치가 있는 패턴을 분석하여 주식의 가치를 파악하는 방법이다. 현재 투자중인 주식이 앞으로 우리의 재무목표에 득이 될지 실이 될지는 그 누구도 알 수 없을 것이다. 짜고 치는 고스톱이 아닌 이상 지금 뒤집을 화투에서 무슨 패가 나올 것인가를 맞춰보라는 것과 같지 않을까 싶다. 아무리 기업이 추구하는 아이템의 질이나 사업성이나 지금까지의 실적, 앞으로의 기업가치가 높게 평가될 것이다 할 지라도 글로벌 경제위기 앞에서는 한없이 무너질 가능성이 충분히 존재하기 때문이다. 물론 그러한 위기를 잘 이겨내는 기업일수록 주식가치도 올라가기 마련이다. 그렇기 때문에 주식을 할 때 충분한 기업의 가치 평가를 기반으로 하되 장기투자를 목표로 시작하라는 결론이 나온다. 결국 주식을 단기, 중기도 아닌 장기 기간이 확보되지 않은 이상 재무목표 준비를 위한 자산으로 편입시키지 않을 것을 권장한다.

그렇다면 현재 보유중인 주식은 어떻게 해야 할까? 해당 주식을 선택하기까지 여러분 만의 결정 방식이 있었겠지만, 기본적으로 PBR, PER, 과거 그래프, 사업경쟁력을 함께 참고할 것을 권장한다.

PBR이란 기업이 보유한 자산 규모로 주가를 판단하는 지표이며 숫자가 높을수록 기업의 현재 보유 자산 대비 주식 가격이 너무 높다는 뜻이고, 낮을수록 기업의 현재 보유 자산 대비 주식 가격이 낮게 평가되어있다는 뜻이므로 낮을수록 투자할 만한 가치가 있다는 뜻이다. 흔히 이를 저PBR주라고 부르기도 한다.

PER이란 기업의 수익성을 기준으로 주가를 평가하는 지표로서 수치가 높을수록 기업의 수익성 대비 주가가 높게 평가되었다는 뜻이고, 낮을수록 수익성 대비 주가가 낮게 평가되어 있다는 뜻이므로 낮을수록 투자할 만한 가치가 있다는 것으로 해석해 볼 수 있다. 보통 이를 저PER주라고 부르며, 가끔 언론 매체를 통해 주식이 폭등하고 있다는 평소에 전혀 관심 밖이었던 주식들의 PER을 보면 수치가 수십에서 100이 넘어가는 경우도 자주 찾아볼 수 있다. 이런 주식들은 작전주일 가능성이 높기 때문에 피할 것을 권장한다.

그리고 과거 그래프의 모양을 보았을 때 장기간 동안 하락을 유지하는 주식들 또한 수급 측면에서 시장에서 외면당하는 경우가 많기 때문에 재무목표 시기 대비 이 주식을 유지할 여유가 없다고 판단되면 용감하게 손절매를 해볼 것을 권장한다.

그리고 추가적으로 어쩌면 가장 중요하다고 할 수 있는 해당 기업의 사업 경쟁력을 분석해야 하는데, 금융감독원 전자공시시스템(DART: Data Analysis, Retrieval and Transfer system)에 공시된 해당 기업의 다양한 사업 자료를 통해서 객관적인 자료를 참고할 것을 권장한다.

### • 채권

A씨는 어느 날 문득 의류 사업 아이디어가 떠올라서 이를 이용해 사업을 시작해보려고 한다. 다만 문제는 사업자금이 없다는 것이었다. 그래서 급하게 친구 S씨한테 찾아가서 좋은 사업 계획이 있으니 1년간만 돈을 빌려달라고 한다. 그러나 S씨는 A씨와의 신용이 쌓이지도 않은 터라 돈을 공짜로 빌려줄 수는 없는 노릇이고, 돈을 빌려주면 그만큼 자신이 다른 곳에 투자를 못할 것이고 쓸 수도 없을 테니 기회비용을 감안해서 연 10%의 이자를 주면 A씨에게 돈을 빌려주겠다고 했다. A씨는 10%의 이자가 부담스럽지만 상황이 급하니 이를 승낙한다.

다음날 바리스타인 B씨가 카페 사업을 하기 위해 S씨를 찾아갔다. S씨가 아는 바로 B씨는 평소에 성실하고 돈 계산이 철저하며 이미 가지고 있는 돈도 충분히 많기 때문에 돈을 빌려줘도 그다지 위험하지 않을 것이라 생각됐다. 그래서 A씨와 거래할 때하고는 달리, B씨에게 1년간 돈을 빌려줄 테니 연 5%의 이자를 달라고 하였다. 그러나 B씨가 1년이 아닌 2년간 돈을 빌려줄 것을 부탁하였다. 그래서 S씨 입장에서는 2년간 돈을 빌려주는 것이 좀 부담되어 연 이자를 7%로 상향할 것을 요청하였고, B씨도 적정 이자라고 판단해서 이를 승낙하고 돈을 빌렸다.

채권을 간단히 표현하자면 채무자가 채권자에게 돈을 빌릴 때 제공하는 일종의 차용증서와 같다. 채권 거래를 성립시키는 요소로는 채권발행자, 채권보유자, 채권금리, 채권신용도, 채권만기가 있으며, 위의 예를 들어서 설명해보면 다음과 같이 나열할 수 있다.

| | ① A↔S 간의 거래 | ② B↔S간의 거래<br>(1년간 거래 시) | ③ B↔S간의 거래<br>(2년간 거래 시) |
|---|---|---|---|
| 채권발행자 | A 씨 | B 씨 | B 씨 |
| 채권보유자 | S 씨 | S 씨 | S 씨 |
| 채권신용도 | 낮음 | 높음 | 높음 |
| 채권만기 | 1년 | 1년 | 2년 |
| 채권금리 | 연 10% | 연 5% | 연 7% |

위의 표에서 세 거래는 A씨와 B씨가 S씨에게 돈을 빌리기 위해 시작된 거래이고, 이 거래를 위한 채권을 발행한 사람(채권발행자)은 A씨와 B씨가 될 것이다. 그리고 S씨는 A씨와 B씨가 발행한 채권을 가지고 투자를 한 사람이므로 채권보유자 또는 채권투자자가 될 것이다.

여기서 주목해야 할 점은 S씨 가 판단한 A씨와 B씨의 신용도이다. ①번 거래의 A씨는 S씨가 아는 바로 신용도가 낮아서 1년 내에 빌려준 원금을 회수 못할 가능성이 높다고 판단하였기 때문에 S씨는 A씨에게 연 이자를 10%나 달라고 하였다. 그러나 ②번 거래에서와 같이 S씨는 B씨의 신용도가 높기 때문에 A씨 때와의 거래보다는 안정성이 높을 것이라 판단하여 B씨에게 연 이자를 5%만 요구하였다. 채권 거래에서 발생하는 금리는 신용도에 따라 결정된다고 볼 수 있다.

그러나 한 가지 문제가 발생하였다. ③번 거래를 보니 B씨가 1년이 아닌 2년 뒤에 돈을 갚겠다고 한 것이다. S씨는 1년 뒤에 빌려준 돈을 받을 수 있다면 연 5%의 이자만 받아도 된다고 생각했지만, 2년 뒤에 돈을 받을 생각을 해보니 돈을 빌려준 사이에 원금을 회수하지 못할 가능성이 더욱 커진 것이다. 돈을 빌려준 시간이 길수록 빌려준 돈을 받지 못할 위험률이 더욱 높아졌다고 판단하였기 때문이다. 그래서 연 이자를 5%에서 7%로 높여서 받기로 결정하였고, 마침내 S씨와 B씨 간의 거래가 성사되었다. 여기에서 금리를 결정하는 한가지 요소가 더 발생하였는데 이것이 만기 기간이다.

실제 채권 거래도 위와 같은 상황과 크게 다르진 않지만 신용도를 결정하는 방식이나 채권 금리나 채권 가격을 결정하는 요인이 훨씬 복잡하게 이루어진다.

채권은 일반적으로 국가에서 발행하는 국채, 공기업에서 발행하는 공채, 일반 기업에서 발행하는 (회)사채로 분류되며 국채나 공채일수록 신용도가 더욱 높고 금리가 낮으며, 회사채일수록 국채나 공채에 비해 부도 확률이 높기 때문에 금리가 비교적 높게 책정된다. 그러나 회사채 사이에서도 대기업의 경우 국공채 수준으로 신용도가 높고 금리가 낮은 경우가 있다.

이렇게 채권투자자들이 각 채권발행자의 신용도를 알아볼 수 있도록 신용 평가를 수행하는 기관이 있는데, 우리나라에는 한국신용평가(한신평)과 한국기업평가(한기평) 그리고 NICE신용평가가 있다. 그리고 외국에서는 무디스(moodys), S&P, 피치(fitch)와 같은 국제 신용평가기관을 통해서 세계의 각 국가나 기업의 신용도가 평가되며, 모든 신용평가기관들마다 신용을 평가하는 기준이 다르다

따라서 현재 여러분이 가지고 있는 자산 중에 채권 자산이 있을 경우, 투자한 채권의 금리만 확인해보고 투자 수익에만 집중하지 말고 채권 만기와 신용도 등도 함께 점검해보아야 한다. 일반적으로 주식과 채권의 수익이 반대로 움직인다고 알려져 있지만 실질적인 채권 투자 세계에서는 그렇게 단순하게 수익이 발생하지는 않는다. 주식과 마찬가지로 채권도 해당 발행기관의 안정성이나 현금 흐름 등이 채권의 수익 발생에 중요한 요건이 되기 때문에 이러한 부분이 불

안정해진다면 손실이 발생하는 것은 당연한 이치일 것이다. 그리고 한 때 우리나라 투자자들 사이에서 유행했던 브라질 채권과 같이 해외 채권의 경우 보유중인 채권가격이 오르더라도 환율 문제가 발생할 경우 반대로 손실이 발생하는 경우도 있기 때문에 환율 리스크에 대해 충분히 고려한 다음 투자에 임해야 한다. 따라서 이러한 부분들을 잘 고려하여 현재 여러분의 채권 자산을 객관적으로 판단하고 보유 여부를 결정하길 바란다.

## • 펀드

투자나 경제에 관심이 있는 사람들이라면 누구나 2008년도에 있었던 미국발 금융위기를 기억할 것이다. 이 시기 때 주식이나 주식형 펀드를 투자했던 많은 사람들이 평균 40~50%에 육박하는 손실을 보았었다. 특히 중국펀드에 투자하여 손실을 보았던 이들이 받았던 정신적 스트레스는 이루 말로 표현할 수 없는 수준이었다. 그러나 이 직전 연도의 분위기는 정 반대였다. 중국펀드를 포함한 다양한 주식형 펀드와 주식들은 대부분 두 자리수의 수익률을 상회하고 있었고, 펀드를 이용해 투자를 하면 투자에 대해 모르는 사람들도 누구나 수익을 볼 수 있다라는 것이 마치 사실인양 소문이 퍼지고 있었던 것이다. 그렇게 해서 2007년 동안 펀드 투자자 수는 가히 폭발적으로 증가하고, 특히 베이징 올림픽이라는 이슈에 힘입어 중국 펀드 투자자의 수 또한 폭발적으로 증가하고 있었다. 그리고 그 다음해에 위와 같은 결과를 초래한 것이다. 그 이후 사람들 머릿속에서 서서히 펀드투자도 결국 위험하다라는 인식이 자리 잡혀가게 되었다.

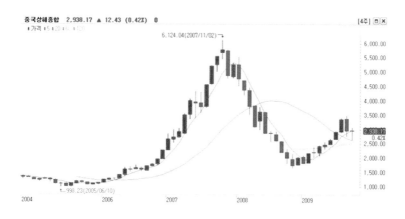

[2000년도 중후반 당시의 중국상해종합지수의 변동 추이]

하지만 반대로 펀드를 활용해 짬짤한 수익을 본 사람들의 수 또한 상당히 많다. 그렇다년 펀드투자를 통해 수익을 본 사람과 손해를 본 사람에게는 어떤 차이가 있었던 것일까? 현재 여러분이 펀드를 활용하고 있는데 그 펀드가 손해를 보고 있다면 무엇이 문제였는지를 알아보고 앞으로 어떻게 해야 할 지에 대해 전략을 세워야 할 것이며, 현재 수익이 발생한 상황이더라도 이를 그대로 두어야 하는지 또는 펀드 변경을 해야 할 지에 대한 전략 또한 세워야 할 것이다.

### 펀드 투자처 별 분류
국내에서 투자자들이 활용할 수 있는 총 펀드 수는 약 1만가지가 넘는다. 물론 펀드를 만들어서 운용하는 자산운용사의 개수가 많기 때문이기도 하지만 그만큼 펀드 투자처 또한 무궁무진하다는 뜻이다. 그렇다면 과연 이 모든 펀드들이 위험자산으로만 분류될까?

펀드는 투자처 별로 다음과 같이 분류해볼 수 있다

∨ 주식형 펀드

∨ 채권형 펀드

∨ 혼합형 펀드

∨ 원자재 펀드

∨ 리츠(부동산 투자형) 펀드

이 책에서는 일반적으로 가장 많이 활용되고 있는 주식형 펀드와 채권형 펀드에 대해서만 이야기를 나누어 보도록 하겠다.

주식형 펀드는 투자처의 성격에 따라 매우 다양하게 분류될 수 있지만 대표적으로 아래와 같은 형태가 있다.

－배당주 투자형 펀드: 배당 수익이 높은 주식 종목들에 집중 투자되는 펀드를 말한다.

－가치주 투자형 펀드: 현재는 저평가되어 있지만 차후 평가 가치가 상승할 가능성이 있는 기업들의 주식에 집중 투자하는 펀드를 말한다.

－인덱스펀드 (종합주가지수 연동형): 채권이나 주식마다 테마 별로 시세에 대한 평가치가 지수화 되어 있으며, 우리나라 종합주가지수인 KOSPI(Korean Composite Stock Price Index)지수 또한 이와 같이 유가증권시장본부(증권거래소)에 상장된 종목들의 주식 가격을

종합적으로 표시한 수치이다. 여기서 상위 200개의 종목을 다시 추려놓은 지수를 KOSPI200 지수라고 하며, 우리나라의 인덱스펀드는 대부분 이 KOSPI200 지수를 추종함으로써 운용이 된다.

채권형 펀드도 투자처의 성격에 따라 다양하게 분류되며 다음과 같은 채권형 펀드가 있다.

— 국내/해외 국공채형 채권형펀드: 이름대로 신용도가 높은 다양한 국공채에 분산 투자되기 때문에 안정성이 높은 펀드에 속한다. 다만 안정성이 높은 만큼 반대로 평균 수익률이 주식형 펀드에 비해 낮기 때문에 자산의 안정성을 높여야 할 때 이와 같은 국공채형 채권펀드를 활용할 것을 권장한다.

— 국내/해외 회사채 채권형펀드: 국공채에 비해 위험성이 높기 때문에 채권금리가 높은 회사채들에 다양하게 분산투자가 된다. 투자된 회사채들 중에서 일부 부도가 발생하더라도 나머지 회사채에서 발생하는 이자가 높기 때문에 이런 손실을 감안하고도 수익률이 높을 것이라는 기대감에 투자를 하는 경우가 일반적이며 실제로 주식형 펀드에 버금가는 수익률을 발생시키기도 한다. 다만 본질이 회사채라는 점은 변함이 없기 때문에 상황에 따라 충분히 큰 손실이 발생할 수 있는 공격적인 투자자산으로 분류해야 한다.

혼합형 펀드는 주식과 채권을 혼합하여 구성된 펀드를 뜻하며, 펀드 명칭이 주식혼합형이라고 되어 있을 경우 주식투자비율이 60%

미만이고, 채권혼합형일 경우 채권투자비율이 60% 미만으로 구성되어 있다.

### 펀드운용전략 점검

펀드마다 애초 만들어질 때부터 어떤 가치관이나 운용 방식에 따라 운용할 것이라는 운용전략이 정해진 상태로 구성이 된다. 그러나 시간이 지나면서 펀드 운용전략이 예전과 다르게 운용되는 경우를 종종 볼 수 있다. 예를 들면 앞으로 유망할 것 같은 특정 산업분야에서 활동하고 있는 회사들에 집중 투자되는 펀드가 시간이 지나면서 잠시 수익률 부진을 면치 못하다는 이유로 기존 운용 전략과 전혀 관계없는 우량기업들을 투자 종목에 포함시키는 경우가 있다. 따라서 현재 펀드 투자 종목이 펀드의 초기 운용 전략과 상반되지는 않는지 확인해 볼 필요가 있으며, 이를 지키지 않는 펀드들은 대부분 손실 금액을 회수하기가 힘들기 때문에 손절매하는 것이 현명할 수도 있다.

### 펀드매니저 교체 여부 점검

펀드 운용 과정에서 펀드매니저가 다른 자산운용사로 이직하거나 또는 자신만의 회사를 설립하는 이유로 퇴사를 해서 여러분의 펀드를 운용하는 펀드매니저가 교체되는 경우가 있다. 펀드매니저가 교체하면서 운용중인 펀드를 인수 인계하는 과정에서 펀드 운용 실적이 떨어지는 경우를 자주 볼 수 있는데, 이는 펀드매니저 간의 운용 철학에 차이가 있거나 또는 회사 내부 제도 등과 관련된 내용이 이유가 될 수 있다. 따라서 여러분이 가지고 있는 펀드가 이에 해당할 경우 가능한 펀드를 교체하길 권장하고, 앞으로 가입할 펀드 또한 이에 해당한다면 반드시 피하길 바란다.

### 펀드 설정액 확인

펀드설정액이란 해당 펀드에 투자자들이 적립해 놓은 총 잔고 금액을 말하는 것으로, 해당 펀드가 투자자들에게 얼마나 인기가 있는지를 알 수 있는 지표로도 활용된다. 물론 설정액이 큰 펀드일수록 투자자들이 선호하는 펀드일 수는 있지만 그렇다고 좋은 펀드라고 할 수는 없다. 왜냐하면 펀드 설정액이 너무 거대해지면 운용과정에서 투자 송복을 거래해야 할 자금 또한 거대해지기 때문에 펀드매니저가 해당 펀드를 유연하게 운용하기가 어려워진다. 그렇다고 너무 설정액이 작을 경우 또한 문제가 될 수 있다. 가끔 설정액이 몇 억 단위밖에 안되는 펀드들을 볼 수 있는데 이런 펀드들은 펀드매니저들의 관심 밖에 있는 펀드일 가능성이 높기 때문에 운용 성과가 부진할 가능성이 있다. 따라서 펀드 설정액의 적정 규모는 대략 백억 원 대에서 천억 원 대이므로 참고하길 바란다.

- 파생금융상품

파생금융상품이란 금리나 환율, 주가 등의 미래 가격을 예상하여 만든 상품으로, 가격의 변동에 따른 예상치를 설정한 뒤 설정된 상황과 조건에 해당됨에 따라 손수익이 결정되는 방식을 뜻한다.

주식이나 채권 투자의 경우 투자한 금액만큼 손해를 볼 수 있지만 파생금융상품의 경우 상황에 따라 투자한 금액 이상으로 손해를 볼 수도 있기 때문에 초고위험 투자로 분류될 수 있다.

그러나 이러한 파생금융상품 중에서 파생금융상품끼리 다양한 합성을 통해 위험성을 낮춤으로써 일반 투자자들도 얼마든지 투자할 수 있도록 고안된 상품이 있는데 원금비보장형으로 ELS와 DLS가 있고, 원금보장형으로 ELB와 DLB 등이 있다.

## 원금비보장형 상품

### ELS

Equity Linked Securities의 약자로 주가연계증권을 뜻한다. KOSPI200지수나 HSCEI지수, EuroStoxx50지수 등을 기초자산으로 참조하여 해당 지수들이 정해진 기간 사이에 가입 시 정해놓은 조건들에 해당이 될 경우 손수익이 결정되는 방식이다.

기간은 보통 1년에서 3년 사이로 다양하게 구성되어 있지만 최근 들어 3년 만기형 ELS가 대부분이며 6개월 마다 수익 조건이 정해져 있고, 조건에 해당할 경우 3년까지 상품을 유지할 필요 없이 중간까지 발생한 수익과 함께 자금을 인출 후 상품을 해지할 수 있는 기회를 고객에게 제공한다.

▣ 기본정보

| | |
|---|---|
| 상품명 | _ _ 증권 제11051회 주가연계증권 |
| 기초자산 | KOSPI200 지수, HSCEI 지수, EuroStoxx50 지수 |
| 위험등급 | 고위험 |
| 개요 | [만기 3년] 6개월마다 총 6회의 조기상환 기회를 부여, 조건충족 시 수익금 지급 후 자동조기상환 |

▣ 수익확정요건

| 구분 | 상환조건 | 수익률(세전) |
|---|---|---|
| 수익확정조건 | 각 중간기준가격결정일에 기초자산 종가가 모두<br>행사가격 이상인 경우 | 연10.20% |
| 수익미확정시<br>만기상환 | 투자기간 동안 기초자산 종가 중 하나라도 최초기준가격의<br>60% 미만인 적이 없는 경우 | 30.60%<br>(연10.20%) |
| | 투자기간 동안 기초자산 종가 중 하나라도 최초기준가격의<br>60% 미만인 적이 있는 경우 | 원금×[하락률이 가장 큰 기초자산의<br>최종기준가격/최초기준가격]<br>(원금손실발생) |
| 최대 가능손실 | 최대 -100% | -100% ~ -15% |

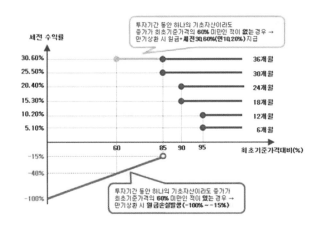

[증권사의 ELS 상품요약설명서의 예]

만약 기초자산이 지수가 아닌 개별주식이 될 경우 조건 해당 시 큰 수익이 발생할 수 있지만 반대로 위험성 또한 크게 증가할 수 있으며 수익은커녕 원금 100% 손실 상황도 발생할 수 있기 때문에 투자 시 주의해야 한다.

DLS

ELS와 같은 원리이지만 기초자산이 주가지수나 개별주식이 아닌 환율이나 금, 은 선물지수 또는 원자재 관련 가격이나 지수에 연계되어 투자된다.

## 원금보장형 상품

ELB

ELS와 비슷한 개념이지만, 일반적으로 기초자산이 여러 개가 아닌 한가지만 연계되고 만기기간이 1년이나 2년 사이로 짧은 것이 특징이며 기본적으로 투자한 원금이 보장된다는 강점이 있다.

▶ **기본정보**

| | |
|---|---|
| 상품명 | △△증권 제238회 주가연계파생결합사채(원금보장형) |
| 기초자산 | KOSPI200 지수 |
| 위험등급 | 저위험 |
| 개요 | [만기 1년 6개월] 최종기준가격 결정일에 수익이 확정되어 상환 |

| 상환조건 | 수익률(세전) |
|---|---|
| 기초자산이 투자기간 동안 1회라도 장중 또는 종가에<br>최초기준가격의 120%를 초과해서 상승한 적이 있고, 85% 미만으로 하락한 적이 있는 경우 | 원금 상환 |
| 기초자산이 투자기간 동안 1회라도 장중 또는 종가에<br>최초기준가격의 120%를 초과해서 상승한 적이 없고, 85% 미만으로 하락한 적이 없는 경우<br>1) 최종기준가격이 최초기준가격의 100% 이상인 경우<br>2) 최종기준가격이 최초기준가격의 100% 미만인 경우 | 1) 가격상승률의 80.0%<br>2) 가격하락률의 30.0% |
| 기초자산이 투자기간 동안 1회라도 장중 또는 종가에<br>최초기준가격의 120%를 초과해서 상승한 적이 있고, 85% 미만으로 하락한 적이 없는 경우<br>1) 최종기준가격이 최초기준가격의 100% 이상인 경우<br>2) 최종기준가격이 최초기준가격의 100% 미만일 경우 | 1) 원금 상환<br>2) 가격하락률의 30.0% |
| 기초자산이 투자기간 동안 1회라도 장중 또는 종가에<br>최초기준가격의 120%를 초과해서 상승한 적이 없고, 85% 미만으로 하락한 적이 있는 경우<br>1) 최종기준가격이 최초기준가격의 100% 이상인 경우<br>2) 최종기준가격이 최초기준가격의 100% 미만일 경우 | 1) 가격상승률의 80.0%<br>2) 원금 상환 |

※ 가격상승률: (최종기준가격 − 최초기준가격)/ 최초기준가격, 가격하락률: (최초기준가격 − 최종기준가격)/ 최초기준가격

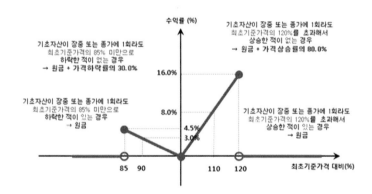

[증권사의 ELB 상품요약설명서의 예]

DLB

ELB와 같이 원금보장이 되는 투자상품이며, 기초자산이 주가지수나 개별주식이 아닌 환율이나 금, 은 선물지수 또는 원자재 관련 가격이나 지수에 연계되어 투자된다. DLB 또한 ELB와 같이 만기기

간이 1년 단위로 짧기 때문에 단기투자상품으로 활용할 수 있다.

### 보유중인 투자 자산에 대한 투자자의 스트레스 수준 점검

투자자가 투자상품을 유지하는 과정에서 스트레스를 받고 있다는 사실은 해당 투자상품을 어떻게 처분할 것이냐를 결정하기 위한 중요한 지표가 될 수 있다.

보통 투자상품으로 인해 투자자가 스트레스를 받는 이유는 해당 상품에 대한 이해가 부족하기 때문이기도 하고, 현재 손실을 보고 있는 상황에서 앞으로 언제 수익으로 전환이 될지 도무지 감이 잡히지 않기 때문이기도 하다. 만약 투자상품에 대한 이해가 끝났음에도 불구하고 수익 전환 시점이 예상되지 않아 불안에 떨고 있다면 어쩌면 지금 손실을 보고 있는 것이 문제가 아니라 투자 시작부터가 문제였다고 볼 수 있다.

이유는 아래와 같이 2가지로 나누어 볼 수 있다.

― 재무목표를 고려하지 않은 투자:

조만간 재무목표 달성시기에 가까워져서 투자자금을 활용해야 할 일이 코앞으로 다가오고 있는데 손실 때문에 재무목표 달성에 차질이 발생했다면, 투자자는 애초부터 재무목표 기간을 고려하지 않고 위험한 투자상품을 선택했다고 볼 수 있다. 투자상품을 선택할 때 최악의 조건을 고려하여 최대 손실금액까지도 예상을 해 보아야 한다. 그리고 손실이 그만큼 발생하더라도 재무목표를 달성하는데 큰 차질이 없을 만한 투자상품을 선택해야 하며, 이 원칙을 잘 지킨다면 투자를 하는 과정에서 어떠한 악재를 경험하게 되더라도 안정적으로 여러분의 재무목표를 달성할 수 있을 것이다.

− 투자 성향에 적합하지 않은 투자:

여러분의 투자 성향에 맞지 않은 투자 상품을 가입했었던 것일 가능성이 높다. 예를 들면 원금의 5~10% 이상 손실이 발생했다는 사실을 아는 순간 여러분 각자의 생활에 집중할 수 없을 만큼 불안해한다면 사실상 투자를 할 수 없는 성향인 것이고, 그 이상의 손실이 발생하는 상황이라 하더라도 이를 견뎌내지 못한다면 여러분의 투자성향을 다시 점검하여 해당 성향에 맞는 투자상품으로 전환을 해야 할 것이다.

## 은퇴 자산 분석

사람은 누구나 직장을 다니면서 돈을 버는 과정을 겪게 되지만 어느 시점부터는 은퇴시기에 접어들게 되기 때문에 소득이 아닌 모아놓은 자산을 활용하여 살아가게 된다. 40대~50대에 비해서 20대~30대는 아직 직장 생활을 시작한지도 얼마 안됐기 때문에 은퇴라는 것이 남의 일 같게만 느껴질 수도 있다. 하지만 은퇴는 누구든지 언젠가는 반드시 겪게 될 문제이고 국민의 기초적인 은퇴생활 수준을 유지시켜주기 위해 마련되어 있는 공적연금의 예산 조차 시간이 지날수록 줄어들고 있다고 하니 쉽게 생각해서 안될 문제인 것은 분명하다.

단언컨대 대한민국 국민 누구나 최종 재무목표는 안정적인 은퇴 생활이며, 우리는 이를 달성하기 위해 당장 무엇을 해야 할까? 보험 사에 가서 연금보험을 가입해야 할까? 아니면 평생 임대소득을 창출 할 수 있는 부동산 물건을 찾으러 나서야 할까? 아니면 평생 돈을 벌 게 해줄 사업 준비를 해야 할까? 사람 성향에 따라 은퇴소득의 형태 는 다양할 수 있으나 중요한 것은 먼저 바로 자신으로부터 답을 찾아 야 한다는 것이다. 내 자신이 어떤 은퇴생활을 살고 싶어하는지에 관 한 목표를 정확히 설정하고 목표 대비 현재 내가 어느 위치까지 와 있는지를 파악하는 것에서 시작한 다음, 어떤 방법을 활용할 것인지 를 알아보는 것이 전반적인 은퇴 자산 준비 절차이며 이를 은퇴 설계 라고 한다.

일반적으로 20대 중 후반에 첫 직장에 취업을 하고 은퇴시기에 접 어들기까지 평균 20~30년 정도의 기간이 걸린다. 그러면 우리는 왜 이 오랜 시간 동안 사고 싶은 것과 하고 싶은 것을 모두 참아가며 은 퇴를 준비해야 하는 지, 그리고 어떻게 준비해야 하는 지에 대해서

하나씩 알아나가 보도록 하겠다.

## 은퇴 니즈 파악하기

우리가 재무설계를 처음 시작할 때 무엇을 시작했었는지 떠올려 보자. 바로 '진정한 재무목표' 설정하기였다. 은퇴설계도 똑같다. 내 자신이 원하는 진정한 은퇴목표를 세우기 위해 은퇴설계 별도의 재무목표 설정방법이 존재하는데 절차는 다음과 같다.

① 현재 나이와 예상 은퇴 나이 체크하기

② 대한민국 국민의 평균 수명 파악하기

③ 자신이 원하는 월 은퇴생활비 정리하기

④ 자신이 기대하는 은퇴생활 유형 파악하기

⑤ 준비해야 할 은퇴자금 계산하기

본 내용에서 소개할 '은퇴 니즈 파악하기' 과정을 접하면서 심란해 할 수도 있고 나의 은퇴생활을 미리 상상해 봄으로써 자기 삶에 대해 더욱 진지한 자세를 가지게 될 수도 있을 것이다. 필자의 바람은 본 은퇴 니즈 파악하기를 통해 독자 여러분께서 은퇴 준비에 대한 심각성을 조금 더 구체적으로 파악하고, 현재를 위해 미래를 희생할 것인지 또는 미래를 위해 현재를 희생할 용기를 낼 것인지에 대해 심도 있게 고민하는 자세를 갖는 것이다. 그럼 '은퇴 니즈 파악하기'에 대해 구체적으로 알아보도록 하겠다.

### 현재 나이와 예상 은퇴시기 체크하기

펜과 종이를 준비하자. 종이 위에 가로로 직선을 그어놓고, 선의 왼쪽 부분에 현재 나이를 쓰고 위치를 표시하자. 그 다음은 선의 중간 즈음에 예상 은퇴나이를 적고 그 위치를 표시하자. 여기서 은퇴나이란 자신이 최종적으로 소득이 끊겨 그 이후부터 무소득시기가 시작될 시점을 뜻한다. 예상 은퇴시기를 전혀 예측할 수 없다면 자신이 속한 직장에서 오래 근속하고 있는 직장 선배들을 통해 확인해보는 것도 방법일 수 있다. 여기까지 잘 따라왔다면 다음과 같은 그림이 나올 것이다.

현재 나이          예상 은퇴나이

### 기대수명 파악하기

그렇다면 우리는 과연 언제까지 살 수 있을까? 그 옛날 천하를 호령했던 진시황제 조차 그토록 바라던 불로장생의 꿈은 이루지 못하고 숨을 거두었다. 그렇다면 우리도 언젠가는 생을 마감할 날이 온다는 것인데 이 생을 마감하는 시기를 결정하는 것, 즉 기대 수명을 결정하는 것은 그 누구도 자신의 힘으로 결정할 수 있는 영역이 아니기 때문에 이 질문에 당황스럽기만 할 것이다. 하지만 이를 어느 정도 파악하고 있어야 우리에게 필요한 은퇴자산의 규모가 대략적으로라도 예측 가능하다.

기대 수명을 파악하는 방법은 단순히 국가 통계를 보는 것이 가장 현실적인 방법에 가깝다.

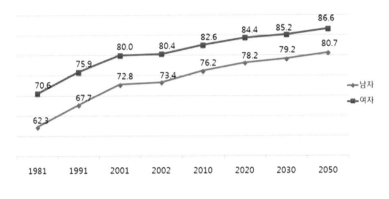

[우리나라인구의 평균수명 변화 추이]

위의 그래프는 1981년도 때 측정된 대한민국 인구 남녀 평균 수명부터 앞으로 2050년도 때 도달하게 될 예상 남녀 평균 수명까지 나타내주는 통계자료이다. 지금으로부터 30여 년 전만 하더라도 남녀 평균 수명은 대략 65세였다. 하지만 지금의 평균 수명은 약 80세까지 올라오게 되었고, 앞으로 2050년 대에 접어들게 되면 84세까지 올라가게 될 것으로 예측되고 있다. 이 과정에서 의학 발전이라는 이슈까지 겹치면 결국 100세 무병장수 시대도 불가능한 것이 아닐 것이다. 그에 대한 대표적인 예를 확인하기 위해 아래의 사진을 보도록 하자.

위의 사진에서 보는 바와 같이 연세가 지긋하신 할아버지와 할머니께서 누군가에게 지팡이를 선물로 받고 있으시고 있다. 저 지팡이는 청려장(靑藜杖)이라고 불리며 명아주의 대로 만든 지팡이이다. '본초강목(本草綱目)'이라는 약학서에는 "청려장을 짚고 다니면 중풍에 걸리지 않는다"는 기록이 있고, 민간신앙에서도 신경통에 좋다고 하여 귀한 지팡이로 여겼다. 우리나라에서는 옛날에 통일신라시대부터 장수(長壽)한 노인 분들에게 왕이 직접 청려장을 하사했다고 전해진다. 그리고 지금까지도 이 풍습이 유지되고 있으며, 1992년부터는 '노인의 날'에 그 해 100세를 맞은 노인들에게 대통령 명의로 청려장이 주어지고 있다.

여기서 중요한 것은 이 청려장을 지급받을 수 있는 100세 노인 수가 우리나라에 현재 몇 명인지 관한 부분이다. 2013년도 기준으로 현재 우리나라에 거주 중인 100세 이상의 노인 인구 수는 13,413명에 달하고, 2013년에 연세가 100세에 도달한 노인 인구 수만 해도 1,264명이라고 한다. 평균 수명이 늘어나고 있다는 문제는 이 대목에서도 시사되고 있다고 볼 수 있다.

다시 본론으로 돌아와보면 우리는 평균 예상 수명을 어떻게 정하는 것이 좋을까? 은퇴설계는 기본적으로 보수적인 데이터를 활용할 것을 권장하므로 최소 90세 이상으로 설정할 것을 권장한다. 그 이유는 평균 수명이 85세로 예측된다 하더라도 이 수치는 어디까지나 최소, 최저치의 평균일 뿐이기 때문이다. 만일 통계 데이터에 은퇴자산을 맞춰서 85세로 정하고 은퇴자산을 모았는데, 85세에 자산을 다 소진한 이후에도 계속 생존을 하게 된다면 어떻게 할 것인가? 더 오래 사는 것이 축복이 아닌 불행으로 다가올 것이다. 은퇴 준비는 수많은 리스크를 계산에 반영해야만 한다. 그렇다면 여기까지의 내용을 아까 그린 선에 반영해보면 아래와 같은 그림이 나온다.

현재 나이　　　　예상 은퇴나이　　　　기대수명(90세 이상)

## 예상 월 은퇴생활비

과연 한 달에 얼마가 있어야 우리가 원하는 은퇴생활이 가능한 것일까? 물론 개개인마다 차이가 있을 것이다. 누구는 한 달에 100만원만 있어도 충분히 생활할 수 있을 것이라고 할 것이고, 누구는 한 달에 200만원, 또는 최소 500만원이나 1000만원 이상은 있어야 생활이 가능하다고 할 것이다. 여기서 '은퇴생활' 이라는 것이 사람마다 다르게 정의될 수 있는데, 분명히 알아두어야 할 것은 현재 자신의 나이가 어떻던 간에 지금의 생활비에 기준을 두어서는 안 된다는 것이다.

기초 생계비를 월 100만~200만원 사이, 기본적인 생활비를 월 200~300만원 사이, 여유로운 생활비 월 300만원 이상으로 고려해 봤을 때 월 얼마가 필요할 지 본인에게 적합한 상황을 선택하면 될 것이다.

노후에 실버타운에서 생활할 것을 계획하고 있다면 스스로 우리나라의 실버타운을 이용하기 위한 비용을 알아볼 것을 권장한다. 현재 우리나라에서 운영중인 실버타운들은 입주 시 보증금을 납입하고 그 안에서 생활하는 과정에서 월 생활비가 지출되는 방식이며, 평균 이상의 서비스를 제공하는 실버타운들은 대략 보증금 3억대에서 9억대까지 다양하며 월 생활비는 평균 월150만원에서 300만원까지로 구성되어 있다. 이는 기타 여가를 제외한 생활자금을 뜻하기 때문에 여가까지 감안해 본 자신의 노후생활을 위해 은퇴자산을 얼마나 모아야 할 지를 구체적으로 고민해볼 필요가 있다.

### 은퇴목표 구체화

위에서 우리는 종이 위에 선을 긋고 현재나이, 예상 은퇴나이, 기대수명을 적었다. 그리고 예상 은퇴나이와 기대 수명 사이에 은퇴 후 매월 얼마의 생활비가 필요할 지까지 적어보았다.

이 방법을 활용하여 구체적인 예를 들어 보도록 하겠다.

예) 현재 나이: 30세

　　예상 은퇴시기: 60세

　　기대수명: 90세

　　예상 월 은퇴생활비: 200만원

어기까지 은퇴목표를 구체화해 본 결과 이 사람에게는 총 7억 2천만 원이라는 은퇴자산이 필요하다.

그렇다면 반대로 7억 2천만 원을 모으기 위해서 이 사람은 지금부터 얼마나 저축을 해야 할까? 수익률이나 이자율을 고려하지 않고 단순하게 계산해보자. 이 사람에게는 현재 나이인 30세부터 은퇴 나이인 60세까지 총 30년이라는 시간이 주어져 있다. 그렇다면 7억2천 만원에서 30년을 나누어 보면 한 달마다 적립해야 하는 저축 금액이 산출되며 답은 월 200만원이다. 그럼 이 사람이 월 은퇴생활비로 한 달에 월 200만원씩 필요하다고 판단되면 지금부터 한 달에

200만원씩 저축을 해야 한다는 결론이 나오는 것이다.

하지만 여기서 끝이 아니다. 만약 막상 그때 가서 생활비 월 200만원 가지고는 생활이 턱없이 부족할 수도 있는 것이고, 90세보다 더 오래 생존할 상황까지 고려해보면 월 200만원씩 저축하는 것만으로도 부족할 수도 있을 것이다. 앞으로 은퇴 말고도 결혼, 주택마련, 학업, 여가, 자동차 마련 등 여러 가지 돈 쓸 일이 너무나도 많은데 30세의 직장인이 노후를 위해 월 200만원씩 저축을 해야 한다는 것이 과연 현실적인 방안일까? 당연히 답은 'no' 이다. 그렇다면 우리가 원하는 은퇴 생활의 수준을 낮춰야만 하는 것일까? 아니면 지금부터 월 수입금액을 높여야만 하는 것일까? 전자와 같이 자신이 꿈을 낮추는 것만큼 슬픈 일도 없을 것이다.

여기서 우리의 은퇴자산을 부풀려나가는 방법을 알아보기 전에 먼저 알아보아야 할 것이 있다. 바로 우리가 기존에 준비하고 있는 은퇴자산의 규모이다. 그 중에서 우리가 가장 간과하는 부분이 바로 공적연금이다. 공적연금은 크게 국민연금, 공무원연금, 사학연금, 군인연금 등이 있으며, 미래에 수령할 수 있는 금액은 'Step2)' 에서 소개한 재무자료 수집하기 단계에서 이미 알아보고 아래와 같이 전제조건에 반영시켜볼 수 있다.

예) 현재 나이: 30세

은퇴 예상시기: 60세

기대수명: 90세

예상 월 은퇴생활비: 월 200만원

월 국민연금 예상 수령액: 100만원

위와 같이 국민연금 수령금액까지 반영을 해보면 대략 이런 그림이 나오게 될 것이다.

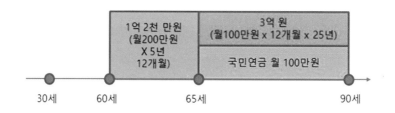

위의 그림대로라면 노후 자산의 일부분은 이미 국민연금으로 해결이 된 것으로 볼 수 있다. 그러면 65세부터는 자신이 원하는 월 200만원 중에서 국민연금 수령금액을 제외한 월 100만원 수준의 은퇴준비 금액을 직접 준비하면 될 것이고, 60세에서 65세까지는 본인이 원하는 월 200만원 수준의 은퇴자산을 스스로 준비하면 되는 것이다.

물론 여기서 더 활용할 수 있는 은퇴자산이 두 가지 이상이 있다. 바로 퇴직연금과 주택연금이다. 주택연금이란 본인 명의로 된 집을 담보로 연금을 수령할 수 있는 국가에도 운영하는 연금제도이며, 나라에서 보장해주는 만큼 매우 안정적인 연금제도 중의 하나이다. 그러나 차후 우리가 은퇴를 할 시점에도 이 제도가 운영되고 있을지 불확실한 면도 있고 연금 수령액이 줄고 있는 추세이며 가정마다 주택연금을 활용하는 것을 원치 않는 경우도 많기 때문에 본 내용에서 예로 제시한 예상 노후 자금에서는 우선 제외시켜보는 것으로 하겠다.

그럼 퇴직연금은 어떻게 반영해보는 것이 좋을까? 퇴직연금은 기본적으로 종신 수령 기능이 없다. 이 뜻은 퇴직연금을 위한 계좌라는 것이 존재하고 적립된 금액을 모두 수령하게 될 경우 퇴직연금은 더 이상 나오지 않는다는 것이다. 그렇다면 퇴직연금 수령기간을 최대한 늘려서 받는 것 보다는 은퇴하고 나서부터 국민연금을 받기 직전까지인 '공적연금 공백기간' 동안으로 기간을 줄여서 받을 것을 권장한다. 이러한 내용을 기반으로 한다면 아까 나왔던 그림은 다음과 같이 수정될 수 있다.

예) 현재 나이: 30세

  은퇴 예상시기: 60세

  기대수명: 90세

  예상 월 은퇴생활비: 월 200만원

  월 국민연금 예상 수령액: 100만원

  퇴직연금 예상 수령액: 총 1억

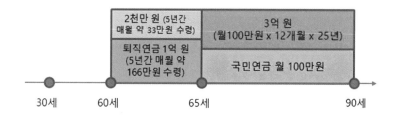

다만 한가지 주의할 점은 퇴직연금을 차후 연금이 아닌 다른 용도로 활용하지 않을 것이라는 전제가 되어 있어야 한다. 일반적으로 퇴직을 할 때 받을 퇴직연금을 일시금으로 수령한 뒤 사업자금이나 대출 상환할 때 사용하는 경우가 빈번하기 때문이다.

결론적으로 이 사람이 노후를 위해 공적연금과 퇴직연금과는 별도로 준비해야 할 금액은 최소 3억 2천 만원 [2천만원(60~65세) + 3억(65세~)] 이상이다. 이 자금을 준비하기 위해 지금부터 준비할 수 있는 가장 대표적인 방법이 개인연금인데, 우리나라에 존재하는 개인연금의 종류가 무척 다양하기 때문에 자신의 성향에 가장 적합한 개인연금 상품이 어떤 것인지를 선택할 수 있는 능력을 키워야 한다. 이를 위한 가장 단순하고 명확한 방법은 모든 개인연금 상품의 장단점이나 특징에 대해 파악하는 것이며 각 상품에 관한 내용을 다음 장을 통해 실명할 것이다. 실제로 자신이 이미 가입한 개인연금 상품이 있다면 앞으로 설명할 내용을 참고하여 분석해보길 바란다.

## 개인연금 분석하기

많은 사람들이 노후를 준비하기 위해 개인연금을 활용하고 있다. 하지만 대부분 자신이 가입한 개인연금 상품에 대해 아는 바가 없다는 것이다. 그렇다면 왜 개인연금을 가입하는 것일까? 다른 금융상품들을 가입하게 되는 계기와 별반 다를 것은 없다. 단지 지인의 권유를 통해서가 대부분이며, 한 걸음 더 나아가 노후를 위해서 가입을 하였지만 실제로 노후 자산을 적립하기 위한 상품이다라는 정도만 알고 있는 경우가 대부분이다. 결국 자신의 노후를 준비하기 위한 금융상품을 선택하는 기준이 없다는 것이다. 우리는 앞으로 이번 내용을 통해 자신에게 적합한 개인연금 상품을 선별하는 기준에 대해 공부해 볼 것이다. 개인연금을 선택하기 위해서 총 3가지 기준을 제시할 것인데 이는 다음과 같다.

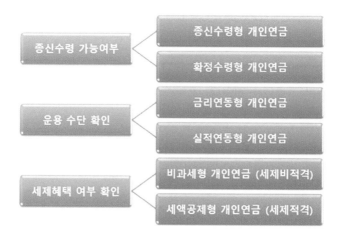

'종신수령 가능 여부' 란 개인연금이 사망 시까지 평생 연금을 제공할 수 있는지에 대한 여부이고, '운용 수단 확인' 이란 연금 납입료로 적립되어 가는 자산을 어떻게 운용하는지에 대한 여부이다. 마지막으로 '세제혜택 여부 확인' 이란 개인연금마다 가입자에게 제공하는 절세 혜택 기능이 다양하며, 어떤 절세 방식의 개인연금을 활용함으로써 세제 혜택을 볼 것인지를 판단하는 기준을 뜻한다.

## 종신수령 가능여부 확인

개인연금은 종신수령 가능여부에 따라 종신수령형 개인연금과 확정수령형 개인연금으로 나누어 볼 수 있다. 여기서 종신수령형 개인연금은 가입자가 사망할 때까지 평생 동안 연금을 수령할 수 있는 개인연금이고, 확정수령형 개인연금은 가입자가 적립한 금액을 본인이 선택한 기간에 따라 수령할 수 있는 개인연금을 뜻한다. 각 특징에 따른 장점과 단점이 있기 때문에 이에 대한 사항을 면밀히 검토한 후 은퇴준비 전략을 세우길 바란다.

- 종신수령형 개인연금
- 장점

종신수령형 개인연금이란 말 그대로 가입자가 사망할 때까지 연금을 시급하는 기능이 있는 개인연금이다. 조금 더 자세히 파악하기 위해서는 종신 수령 기능의 원리에 대해 알아 볼 필요가 있다.

현재 판매되고 있는 개인연금 상품 중에서 종신수령형 기능을 가지고 있는 상품은 생명보험사의 개인연금뿐이다. 그리고 생명보험사는 종신수령형 개인연금을 고객에게 판매할 때 고객의 가입 당시 연령을 확인한 다음, 고객이 언제까지 생존할 수 있을지 사망 시점을 예측하기 위해서 특정 생존기간 관련 통계자료를 참고하는데 이것을 경험생명표라고 한다. 이 경험생명표가 바로 종신 수령 기능을 파악하기 위한 핵심이다. 경험생명표는 보험개발원(www.kidi.or.kr)에서 제공되며, 1989년 이후부터 평균 3~4년에 한번씩 갱신해오고 있다. 2014년 현재 기준으로 제 7회 경험생명표까지 갱신되어 있으며, 현재 판매되고 있는 종신수령형 개인연금은 모두 제 7회 경험생명표를 참고하여 고객의 예상 생존기간을 반영하고 있다.

아래의 그림을 보자.

-<u>가입 당시</u>의 나이와 성별 :
**30세의 남성**
-<u>가입 당시</u>의 경험생명표 자료 :
**가입 당시의 30세의 남성은 100세까지 생존**할 것으로 추정함

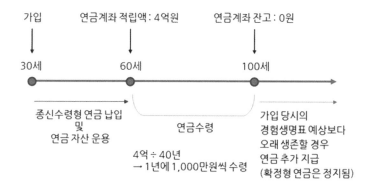

위의 그림은 종신 수령형 개인연금의 연금 수령 기능 구조에 대해 설명하고 있다. 먼저 위의 예시의 가정 사항은 해당 종신수령형 개인연금을 가입하는 사람의 나이는 30세의 남성이다. 그리고 경험생명표에서 제시하는 가입 해당 시점의 30세 남성은 약 100세까지 생존할 것으로 예상하고 있다. 그리고 해당 개인연금을 가입할 때 이 자

료를 보험 계약이 유지되는 기간 동안 유지하고 있는 것이다.

이 개인연금을 가입하고 30년 동안 꾸준히 모아서 60세가 되는 해에 해당 개인연금 자산이 총 4억이 되었다고 가정해보자. 그리고 고객이 보험사에 해당 개인연금을 종신토록 수령하겠다고 신청을 하면, 보험사는 가입 시점에 기록하였던 해당 고객의 경험생명표 자료를 다시 한번 참고하게 된다. 자료를 확인해보니 해당 고객이 100세까지 살 수 있을 것으로 기록하였기 때문에 지금까지 적립된 4억의 개인연금 자산을 현재 60세부터 100세 때까지 총 40년간 나누어 수령할 수 있도록 하면 되겠다는 결론을 내리게 된다. 따라서 고객은 4억을 40년 동안 나누어 받게 되므로 연간 1천만 원(매월 약 83만3천 원)을 수령하게 되는 것이다.

그런데 만약 고객이 보험사의 예상과는 다르게 105세까지 살게 되면 어떻게 될까? 보험사는 고객이 개인연금을 가입할 당시 고객에게 개인연금을 종신토록 수령해 주겠다고 약속하였다. 그렇기 때문에 보험사가 기존에 매년 수령해 줄 것을 약속하였던 연간 수령 금액인 1천만 원(매월 약 82만 3천 원)을 100세가 넘은 그 다음 해에도 수령할 것이고, 그 2년 후에도 다시 수령할 것이다. 결국 보험사는 적립되었던 고객의 개인연금자산을 고객에게 연금으로 제공하면서 모두 소진하더라도 고객이 마지막까지 살아남을 때까지 보험사가 손해를 보면서라도 계속 약속된 연금액을 제공하게 되는 것이다.

이와 같이 종신수령형 개인연금은 공적연금과 함께 모든 사람들에게 있어서 노후를 위한 마르지 않는 샘과 같은 기능을 제공할 수 있기 때문에 안정적인 은퇴생활을 위해서라면 꼭 활용해볼 만한 가치가 있는 은퇴 준비 수단이다.

- 단점

우리는 위에서 종신수령형 개인연금이 가지고 있는 고유의 장점에 대해 알아보았다. 마지막에서 표현했듯이 종신수령형 개인연금은 안정적인 노후를 위한 마르지 않는 샘과 같은 역할을 할 수 있는 훌륭한 은퇴자산이다. 하지만 이 세상에 존재하는 모든 상품이 그렇듯이 이 또한 단점을 가지고 있다. 장점을 살펴보는 과정에서 경험생명표에서 예측되었던 생존기간보다 고객이 더 오랫동안 생존을 하게 된다면 보험사 입장에서는 고객에게 연금을 지급하면 할수록 손해가 발생할 수 있다. 그리고 이러한 손해가능성을 보험사 또한 충분히 예측하고 있다. 그렇기 때문에 이러한 손해 위험성을 낮추기 위해 고객이 납입하는 연금 보험료에서 일부 금액을 수수료로 차감한 뒤 나머지 금액을 고객의 연금자산으로 적립하고 운용한다. 그리고 이 종신수령형 개인연금의 차감 수수료가 확정 수령형 개인연금보다 비싸다. 여러 보험사의 각 상품에 따라 수수료 수준에 차이가 있지만 일반적으로 변액보험의 경우 월 납입 보험료의 약 10% 이상이 수수료로 차감되며 공시이율형 보험의 경우 약 10% 미만이다. 정확한 금액이나 수수료 비율은 해당 상품의 가입설계서나 상품설명서에 안내되어 있다.

그리고 또 다른 단점은 확정수령형 개인연금에 비해 수령하는 연금액이 비교적 적다는 것이다. 물론 이 이유는 수수료 차감으로 운용 과정에서 비용이 발생했기 때문이기도 하다. 그러나 경험생명표는 고객의 예상 생존 기간을 현재 시점 기준의 수명 통계가 아닌 고객이 앞으로 사망을 하게 될 수십 년 이후의 수명 통계를 예측하여 반영하기 때문에 상당히 긴 기간 동안 연금을 수령하게 될 것이라고 판단하고 연금 수령액을 설정한다. 그렇기 때문에 매월 수령할 수 있는 연금액이 확정수령형 개인연금에 비해 적은 것이다.

따라서 종신수령기능이 있다는 이유만으로 모든 개인연금 자산을 종신수령형 개인연금에 100% 집중하는 것은 비용 측면에서 비효율적일 가능성이 있기 때문에 기타 다양한 개인연금 상품에 대한 장단점도 두루 조사해볼 필요가 있다.

- 종류

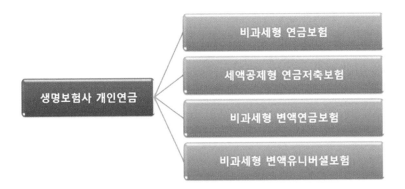

- 확정수령형 개인연금

  - 장점

  확정수령형 개인연금이란 차후 개인연금을 수령하는 기간이 고객의 선택에 따라 결정되는 개인연금으로서, 개인연금 수령을 신청할 시점에 적립된 연금 자산을 수령할 시기로 나누어 지급받는 형태를 뜻한다. 따라서 고객이 확정수령형 개인연금을 가입할 때 자신이 가입 시점부터 얼마 정도를 적립할 것이고 차후 수익이 어느 정도 발생하면 몇 년 간 얼마씩 연금을 수령할 수 있을 지가 대략적으로 계산이 가능하다.

  그리고 상품 종류별로 차이가 있지만 금융사 입장에서는 종신 수령이라는 부담스러운(?)기능이 포함되어 있지 않기 때문에 수수료가 종신수령형 개인연금에 비해 비교적 저렴한 편이다. 그렇기 때문에 개인연금 수령기간을 길게 하더라도 종신수령형 개인연금보다 확정수령형 개인연금의 월 수령금액이 비교적 높은 편이다.

  - 단점

  수수료가 저렴하고 고객이 직접 수령기간을 결정할 수 있다는 특징 때문에 월 수령금액이 종신수령형 개인연금에 비해 높다는 것은 분명히 큰 장점이다. 하지만 만약 확정수령형 개인연금만 활용해서 노후를 준비할 경우, 확정수령형 개인연금의 수령 기간이 모두 끝난 뒤에도 생존을 하게 될 경우 노후 생활이 크게 불안정해질 수 있을 것이다. 퇴직 후 소득이 끊기게 되는 경험을 다시 한 번 하게 되는 것이다. 또한 모든 확정수령형 개인연금이 수수료가 저렴한 것은 아니고 종신수령형 개인연금과 수수료 차이가 크지 않은 상품도 많으므로 주의해야 한다. 따라서 확정수령형 개인연금만 노후 자금으로 활용하는 것은 위험한 행동이므로 종신수령형 연금과 함께 활용할 것을 권장한다.

    - 종류

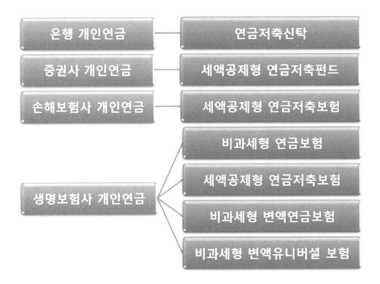

## 운용 수단 확인

개인연금은 운용 수단에 따라 크게 금리연동형 개인연금과 실적연동형 개인연금으로 나누어 볼 수 있다. 금리연동형은 말 그대로 금융사에서 제시하는 금리에 따라 운용 수익이 결정되는 개인연금이며, 실적연동형은 주식이나 채권 등을 통해 금융사의 자금 운용에 따라 수익이 결정되는 개인연금을 말한다.

• 금리연동형 개인연금
 – 장점

금리연동형 개인연금은 일반적으로 보험사에서 취급하며, 보험사에서 제공하는 공시이율에 따라 금리가 결정된다. 그렇기 때문에 운용 수익이 이 공시이율에 따라 결정되며, 일반적으로 제 1금융권 은행의 예적금보다 평균적으로 약 1% 정도가 높은 편이다. 그리고 연금자산 운용에 적용하는 금리가 매월 변동되는 '월 변동금리' 상품이 대부분이므로 금리가 인상될 가능성도 있으며, 금리가 인하되더라도 최저보증이율 기능이 있기 때문에 보험사가 제시하는 최소한의 금리를 보장한다.

그리고 단순히 보험사 공시이율에 따라 운용이 되기 때문에 운용 수수료가 실적연동형 개인연금에 비해 낮으며, 차후 다양한 문제로 인해 원금 손실이 발생을 하더라도 예금자보호법에 의해 원금과 소정의 이자까지 포함하여 5천만 원까지 법적으로 보장이 가능하므로 안정성이 높은 개인연금 상품이다.

 – 단점

위에서 설명한 장점을 다시 살펴보면 금리연동형 개인연금은 일반적으로 월 변동금리형이 대부분이기 때문에 이자율 상승을 기대해

볼 수 있다고 하였다. 하지만 안타깝게도 우리나라 보험사들의 과거 장기적인 추세를 돌이켜 보았을 때 금리 하락을 면치 못하고 있다. 아래의 그래프를 보자.

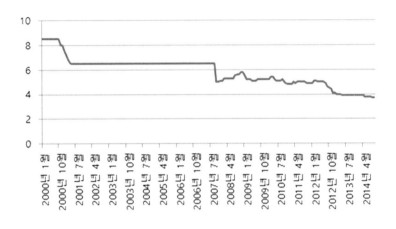

[보험사의 공시이율 변화추이]

위의 그래프는 2000년부터 2014년까지 특정 보험사 공시이율의 변동 추이를 보여주고 있다. 2000년 초반 8%를 넘던 금리가 약 15년 동안 3% 중반 대까지 접어들게 된 것이다. 미국이나 일본과 같은 우리나라보다 경제상황이 앞서 있는 나라의 금리 상황을 참고해 보았을 때 현재 공시이율이 앞으로도 낮아질 상황 또한 충분히 예상해 볼 수 있다. 이를 대비해서 보험사에서는 최저보증이율을 통해 공시이율이 아무리 낮춰지더라도 일정 금리 이상은 무조건 보장을 해주겠다는 기능을 제공해주지만 이 최저보증금리 수준이 낮은 편이기 때문에 크게 매력적인 기능이 되지는 못한다. 최저보증이율은 각 보험사의 상품마다 차이가 있으니 참고하시길 바란다. 물론 분명히 단기적으로 금리가 오를 가능성도 존재하지만 여기서 한가지 더 명심해야 할 단점이 바로 수수료이다. 저축보험, 변액연금보험, 변액유니버셜보험, 연금저축보험, 연금보험 등 보험사의 모든 저축성보험은 가입 후 10~12년 동안 상품에 따라 월 평균 4%에서 20%에 가까이 육박하는 수수료를 차감하고 남은 금액을 적립하여 운용한다. 그리고 금리연동형 개인연금의 경우 2014년 기준 3%~4% 대의 이자가 적용되기 때문에 결론적으로 평균 6년간은 그 동안 납입한 원금 이상의 자금이 적립될 가능성이 낮다.

현재 연4% 금리의 저축보험을 가입하여, 매월 10만원 씩 납입할 경우:

10만원 − 5,000원(수수료5%) + ( ( 10만원 − 5,000원(수수료5%) ) x

4%(이자) ) = 100,000 − ( 100,000 x 0.05 ) + ( ( 100,000 −

( 100,000 x 0.05 ) ) x 0.04 ) = 98,800원

그리고 다른 장점으로 예금자보호법에 의해 5천만 원까지 보장이 된다고 하였지만 이 부분 또한 단점으로 작용할 가능성이 있다. 왜냐하면 연금자산이 5천만 원 이상 적립된 상황에서 보험사 운영에 문제가 발생할 경우 5천만 원에 대한 초과금액에 대해서는 전혀 보장이 안되기 때문이다. 일반적으로 개인연금 자산이 5천만 원 미만일 경우 노후에 크게 도움이 되지 않는다는 점을 감안해 보았을 때 단순한 문제는 아닐 것이다.

– 종류

- 실적연동형 개인연금
- 장점

실적연동형 개인연금이란 적립된 개인연금자산을 주식이나 채권, 또는 주식형 펀드나 채권형 펀드 등에 투자되어 운용되는 개인연금을 말한다.

우리나라도 미국이나 일본 등 다른 선진국과 같이 점점 더 저금리 추세로 접어들고 있나. 그런데 과연 최근의 금리가 예전에 비해 얼만큼이나 낮춰졌길래 저금리라고 표현을 하는 것일까? 그리고 앞으로 지금보다 금리가 더 하락할 가능성도 존재하는 것일까? 다음의 그림을 보자.

1997년도 당시 은행에서 예금을 가입하면 만기 시 연 17%의 이자를 고객에게 제공했었다. 지금과 같은 저금리 시대에 감히 상상도 할 수 없는 일이다. 현재 금융사에서 고객에게 제시하는 주식형 펀드의 연 기대수익률을 8%로 보고 있는 상황에서 예금이자가 17%라는 것은 굳이 손실 위험을 감안하지 않고도 마음 편히 매년 17%의 수익을 발

## 서울·제일 예금이자 최고 17%

금융회사 구조조정에 대한 불안 감 때문에 최근 일부고객의 예금인 출 현상이 빚어진 서울은행과 제일 은행이 각종 예금금리를 대폭 인상 했다.

이에 따라 기존 예금과 금리차이 에 따른 해약후 재가입 사태, 금융권 내의 대규모 자금이동 현상 등이 벌 어질 수도 있을 것으로 예상된다.

서울은행은 8일부터 이달말까지 새로 가입하는 슈퍼실세예금 사은정 기예금 서울환매채통장 하이프리저 축예금 및 개발신탁 금리를 최고 6% 포인트까지 인상한다고 발표했다.

최저가입금액이 300만원인 원리금 만기일시지급식 슈퍼실세예금은 1개

월, 3개월짜리가 현재 연 14.0%에서 17.0%로 3.0%포인트, 6개월짜리는 13.7%에서 15.0%로 1.3%포인트 인 상된다.

제일은행도 9일부터 새로 가입하 는 실세금리 연동형 정기예금인 으 뜸파테크 예금을 1~6개월 예치하면 종전에는 3천만원 이상에 15%의 금 리를 적용했으나, 금리는 17%로 올 리고 액수는 1천만원 이상으로 크게 낮췄다.

이봉현 기자

[1997년 12월 9일자 신문기사]

생시킬 수 있다는 것이다. 이러한 상황이 평생 지속될 수만 있다면 저축하는 것을 즐거워하지 않을 사람이 과연 몇이나 될까? 하지만 현재 2014년도 말의 은행 예금 이자가 얼마인지를 다시 한번 보도록 하자.

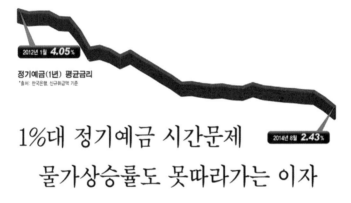

정기예금(1년) 평균금리
*출처: 한국은행 신규취급액 기준

2012년 1월 **4.05**%

2014년 8월 **2.43**%

## 1%대 정기예금 시간문제
## 물가상승률도 못따라가는 이자

[2014년 9월 1일자 신문기사]

이와 같이 IMF 시절 당시의 신문 기사에 나온 은행 예금 금리와 2014년도의 신문 기사에 나온 예금 금리만 비교해 보더라도 약 17년 사이에 얼마나 예금 금리가 하락해 왔는지 한 눈에 알아볼 수 있다. 그렇다면 현재 2%대에 접어든 예금 금리가 앞으로도 더 떨어질 가능

성도 있을까? 현재 미국의 경우 우리나라와는 이자를 지급하는 계좌의 개념이 약간 차이가 있지만 2%대 미만인 것이 보통이며, 일본의 경우 1%에도 못 미치는 이자를 지급하는 것이 현실이다. 이는 앞으로 우리나라도 경제 구조가 변함과 동시에 충분히 이와 같은 행보를 가게 될 것이란 증거이다. 그러나 문제의 본질은 저금리 현상이 아닌 물가상승률이다. 단기적으로는 디플레이션과 같이 물가가 하락하는 현상도 발생하기 마련이지만, 장기적인 추세로 보았을 때 은행의 예적금 금리가 물가상승률을 뛰어넘지 못한다. 따라서 은행에 돈을 묶여두는 행위 자체가 우리의 자산 가치를 하락시키는 결과를 초래하게 되는 것이다.

활용하는 사람마다 개인연금을 수령하는 시점이 다양하겠지만, 앞으로 10년에서 30~40년 이후에 활용하게 될 자산을 마련하기 위해 개인연금에 돈을 불입해야 할 텐데 앞으로 지속되는 서금리 현상을 우리가 활용할 개인연금이 그대로 반영한다고 하면 어떤 일이 발생하게 될까? 결국 개인연금을 수령할 시점에 내 은퇴자산은 그 때까지의 물가 상승을 극복하지 못하고 내가 원하는 은퇴생활을 누리지 못하게 될 것이다.

그렇기 때문에 개인연금을 주식이나 채권, 펀드 등 다양한 자산을 활용하여 장기적으로 투자를 하는 방법을 택해야 할 텐데, 반대로 투자를 해서 손실을 볼 수도 있을 것이라는 걱정이 되는 것 또한 사실이다. 그리고 우리는 이미 주변에서 직장에서 받은 퇴직금으로 주식 투자를 해서 큰 손실을 보았다는 수 많은 사례들을 익히 들어왔다. 그렇다면 우리의 욕심을 억눌러가며 힘들게 마련할 은퇴자산에 투자를 적용하는 것이 단순히 위험한 행동일까? 먼저 아래의 그래프들을 먼저 확인해보도록 하자.

[1990년대부터 2014년도까지의 한국 종합주가지수(KOSPI) 변화 추이]

[1990년대부터 2014년도까지의 미국 S&P500지수 변화 추이]

위의 그래프는 약 20년간 한국의 코스피지수와 미국의 S&P지수의 변화를 보여주고 있다. 20년 사이에 IT버블 붕괴나 서브프라임 사태와 같은 세계경제위기를 겪음으로써 주가가 폭락하던 시절도 있었지만 반대로 경기 회복을 통해 주가 상승을 맛보던 시기도 있었다. 위의 그래프를 처음 접하게 되면 이런 생각을 할 수도 있을 것이다.

'그 때 그 돈을 쓰지 말고 주식에 넣어뒀으면 지금쯤 최소 2배는 올랐을 텐데…'

그러나 우리나라나 미국의 증시가 위와 같이 결론적으로 장기간 동안 상승세였다는 것은 시간이 지난 뒤 그래프를 보고 나서만 깨달을 수 있는 것들이다. 그 예로 아래의 그래프를 보자.

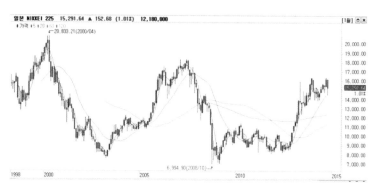

[1990년도 후반부터 2014년도까지의 일본 NIKKEI 225 지수의 변화 추이]

위의 그래프는 약 1998년 이후부터 현재까지의 일본 증시의 변화를 보여준다. 위에서 보았던 우리나라와 미국의 증시 그래프와는 사뭇 다른 모양을 보이고 있다. 2000년 4월 고점을 찍은 이후 15년 가까이 그 수치를 뛰어넘은 경우가 단 한번도 없었고 변동폭은 크지만 장기적으로 보았을 때 하락세이다. 결국 단순히 은퇴자산을 마련하기 위해 장기투자를 한다고 해서 모든 것이 다 해결되는 아니다. 그래서 주식형 투자를 활용하여 은퇴자산을 마련하는 것이 불안하다고 판단된다면 채권형 투자를 활용하여 주식형 투자에 비해 비교적 안정적인 투자를 할 것을 권장한다. 아래의 그래프는 지난 6년간 주식형 투자(인덱스펀드)와 국공채 투자(국공채 채권형 펀드)에 투자했을 때를 비교한 그래프 자료이다. 여기서 펀드BM(벤치마크 지수)는 코스피지수를 뜻한다.

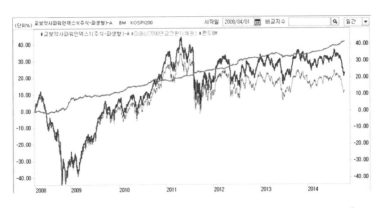

[코스피200지수 연동형 인덱스펀드와 국공채 채권형펀드의 수익률 변화 추이]

그림에서 보는 바와 같이 주식형 투자 상품인 인덱스펀드의 수익률 변동이 빈번한 것에 비해 국공채 채권형 펀드의 수익률 변동폭이 비교적 완만하다는 사실을 알 수 있다. 이 때문에 안정적으로 은퇴자산을 마련하고자 하는 이들에게는 국공채 채권형 투자를 활용할 것을 권장한다.

결론적으로 실적연동형 개인연금의 장점은 언제나 바뀔 수 있는 가입자의 성향에 따라 연금 자산 운용 방식을 가입자가 원하는 데로 바꿀 수 있다는 특징에 있다. 공격적인 투자를 통해 개인 연금 자산을 운용하고 싶다면 주식형 투자 방식을 활용하면 되고, 갑자기 가입자의 투자 철학이 바뀌어서 안정적인 투자를 추구하게 되었다고 한다면 채권형 투자 방식으로 언제든지 전환이 가능하다는 것이 실적연동형 개인연금의 가장 큰 장점이다.

투자에 대한 자세한 내용은 다음 '재무 포트폴리오 구성하기' 과정에서 설명하도록 하겠다.

- 단점

실적연동형 개인연금의 단점은 바로 투자실패로 인해 원금손실 가능성 발생할 수 있다는 것이다. 투자철학이나 기준 없이 무분별한 투자로 은퇴자산을 운용할 경우 수 년 또는 수십 년 동안의 노력을 한 순간에 물거품으로 만들 수도 있을 것이다. 그 때문에 투자를 임할 때는 늘 겸손할 것을 권장한다.

다만 예외로, 생명보험사의 변액연금보험은 자체적으로 원금보장 기능이 있기 때문에 투자손실이 발생한다 하더라도 납입한 원금만큼을 보장해준다. 하지만 이러한 기능을 위해 펀드 투자 비율을 선택할 때 채권 투자 비율을 30~50%까지 의무적으로 설정해야 하기 때문에, 주식형 투자에 일부 제한사항이 있다는 것이 공격적인 투자자 입장에서는 단점으로 작용할 수 있으니 참고하기 바란다.

참고로 은행에서 취급하는 연금저축신탁도 예금자보호법에 의해 원금과 소정의 이자를 포함하여 1인당 5천만 원까지 법적으로 보장되지만 주식 편입 비율이 10% 미만이기 때문에 주식형 투자에 비해 기대 수익률이 낮을 수 있다는 점 또한 참고해야 할 사항이다.

- 종류

### 세제혜택 여부 확인

마지막으로 개인연금을 분류하는 기준은 세제혜택이 존재하는지에 대한 여부이다. 개인연금뿐만 아니라 우리나라에 존재하는 다양한 금융상품들은 각자 세법상 허용되는 범위 내에서 절세를 할 수 있는 혜택을 제공할 수 있다.

금융상품의 가장 대표적인 세제혜택은 바로 비과세 기능과 소득공제나 세액공제와 같은 세금 공제 기능이다. 비과세는 금융상품 활용을 통해 발생할 수 있는 이자소득세나 연금소득세를 납부하지 않아도 되는 기능을 뜻하고, 세제혜택이라 함은 가입자가 연간 발생하는 특정 소득에 대한 소득세를 납부하는 범위 내에서 납부했던 세금의 일부를 다시 환급 받을 수 있는 기능을 뜻한다.

개인연금도 상품의 종류에 따라 비과세형(세제비적격) 개인연금과 세액공제형(세제적격) 개인연금으로 분류되며, 지금부터 설명할 각 세제혜택 기능에 대한 장단점을 잘 파악하여 여러분에게 적합한 은퇴플랜을 효율적으로 설계하길 바란다.

- 비과세형 개인연금

− 장점

사람이 태어나서 생을 마감할 때까지 절대로 피할 수 없는 것이 세금이라고 한다. 그만큼 누구든지 살아가면서 세금에 대해 자유로울 수는 없다. 물론 대한민국 정부는 이렇게 세금을 걷음으로써 발생하는 수입, 일명 조세수입을 통해 국가의 재정을 탄탄하게 정비하게 된다. 그리고 이로써 저소득층 국민이나 다양한 복지정책을 위한 예산으로 활용하여 국민이 안정적인 생활을 해나갈 수 있도록 노력하고 있다.

하지만 우리나라는 해마다 출산율이 저하됨과 동시에 인구 고령화가 급속도로 진행되고 있기 때문에 소득을 창출하는 인구 수가 매년 급감하고 있다. 그 결과 정부 입장에서는 세수 확보가 점차 어려워지고 있기 때문에 매번 조세 정책을 개편하는 과정에서 다양한 방식으로 국민이 납부해야 할 세금을 늘리고 있는 추세이다. 이에 대한 예로 2002년 1월 1일부터 연금 불입액에 대해 세제혜택기능이 있는 연금자산을 활용할 경우 차후 연금을 수령 받을 때 세금을 납부해야 하는 연금소득세라는 과세항목이 신설이 되었고, 이자소득세를 감면 받을 수 있는 비과세형 상품의 종류가 시간이 갈수록 줄어들고 있다.

그리고 해외의 기타 선진국과 우리나라의 이자소득세(가입자가 저축을 해서 차후에 지급 받을 이자에 대해 납부해야 하는 세금)를 비교해 보았을 때 우리나라가 차후 세수확보가 더욱 어려워질 경우 외국과 같이 이자소득세율을 올릴 가능성도 배제할 수 없을 것이다.

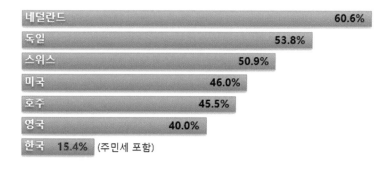

[우리나라와 해외 선진국에서 납부해야 하는 이자소득세 현황]

특히 인생의 최종 재무목표인 은퇴자산 마련 계획은 장기적으로 수행해야 하기 때문에 그 과정에서 세금 인상 위험을 겪게 될 가능성 이 높다. 그렇기 때문에 은퇴 자산 마련 계획에서 비과세 기능을 활 용하는 방안은 꼭 염두 해 두어야 한다.

비과세형 개인연금은 은퇴자산을 운용해가는 과정에서 발생할 수 있는 이자수익과 차후 개인연금을 수령할 때 과세될 연금소득에 대해서 법적으로 세금을 납부하지 않아도 된다. 즉 이자소득세와 연금소득세에 대해서 비과세 혜택이 주어진다는 의미이며, 위에서 설명한 바와 같이 차후 정부가 세수 확보를 위해 관련 세금을 인상할 수 있는 위험으로부터 보호받을 수 있다.

- 단점

만약 비과세형 개인연금을 10년 이내에 해지할 경우, 발생한 수익이 대해서 이자소득세가 과세될 수 있다(소법 제16조, 소령 제25조).

또한 연금보험료를 납입하는 과정에서 연말정산 시 세제혜택을 받을 수 없다는 점은 평소 연말정산을 통해 세금을 돌려받기는커녕 반대로 세금을 징수당하는 사람들 입장에서는 단점으로 작용할 수 있다.

그리고 비과세형 개인연금은 보험사의 연금성 보험이 대부분이기 때문에 높은 수수료율 또한 큰 단점으로 작용하기도 한다.

- 종류

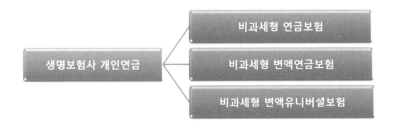

- 세액공제형 개인연금

  - 장점

　세액공제형 개인연금의 장점은 말 그대로 세제혜택을 받을 수 있다는 것이다. 2014년도 세법 기준으로 세액공재 대상이 되는 연금계좌(은행의 연금저축신탁, 증권사의 연금저축펀드, 보험사의 연금저축보험)에 연간 400만원 한도로 세제혜택이 주어진다. 2014년도 이전에는 소득공제라고 해서 세제혜택을 받을 대상자의 연 소득을 기준으로 얼마나 세제혜택이 발생할 지 결정되는 방식이었지만, 2014년도부터 세액공제라는 항목으로 세제혜택을 받는 방식이 바뀌었으며 세제혜택 대상자가 어떤 소득 구간이든 상관없이 동일한 수준의 혜택을 제공받게 된다.

　구체적으로 설명하자면, 1년에 400만원 납입 분까지 세제혜택 대상이며 납입한 금액의 12%만큼 세제혜택이 주어진다. 예를 들어, 1년간 매월 10만원씩 납입하여 그 해에 총 120만원을 납입하였다면 그 다음 해에 연말정산 결과로 120만원의 12%인 14만4천 원을 세액공제 세제혜택을 통해 돌려받게 되는 것이다. 이러한 장점은 국가에서 세제혜택을 제공해 줌으로써 연 12%의 수익률을 제공하는 것과 같은 효과를 발생시킨다. 물론 각 상품의 운용수익에 따라 연 12%를 뛰어넘는 수익을 일으킬 수도 있는 것이지만, 반대로 개인연금 상품 자체적으로 차감하는 수수료나 운용 손실을 이유로 12% 미만의 수익률이 될 수도 있다는 점을 잊어서는 안 된다.

아무리 연말정산 시 세제혜택을 받기 위해 세액공제형 연금저축 상품을 활용한다고 하더라도 반드시 연금저축상품을 가입하는 주목적은 은퇴자산을 마련하기 위한 용도여야 한다. 그렇기 때문에 어떤 사람들은 더욱 안락한 노후생활을 위해 연간 400만원 이상으로 납입하고 싶을 수도 있을 것이다. 이 경우에는 최대 연간 1800만원까지 납입이 가능하지만 연간 400만원 초과 금액에 대해서는 세제혜택 대상이 되지 않는다.

그리고 이미 개인연금이 아닌 다른 연말정산 항목으로 세제혜택을 많이 받았을 경우, 납입한 금액의 전액에 대해서 세액공제를 받지 못할 수도 있으니 이 점을 참고하시길 바란다.

– 단점

우리의 안락한 노후를 위해서 납입한 금액의 12%를 돌려받는다는 점은 분명히 큰 장점임이 틀림 없다. 하시반 모든 상품이 그렇듯이 세액공제형 개인연금 또한 고유의 단점이 존재한다.

세액공재형 개인연금을 활용하는 과정에서 세제혜택을 받을 수 있는 대신, 차후 해당 개인연금을 통해 연금을 수령하게 될 경우 연금소득세를 과세하게 된다. 2014년 기준 세법을 확인해보면 아래와 같이 과세 방식을 설명하고 있다.

---

연금소득의 종합소득신고
연금소득은 종합소득세 신고대상이나, '소득세법' 제20조의3제1항

제2호 및 제3호에 따른 연금소득의 합계액(공적연금 제외)이 연1,200만원 이하인 경우에는 종합소득과세표준의 계산에 있어서 이를 합산하지 아니할 수 있다.

연금소득자의 나이에 따른 다음의 연금소득세의 원천징수 세율 나이 (연금수령일 현재)

| 나이(연금수령일 현재) | 세율 |
|---|---|
| 55세 이상 70세 미만 | 100분의 5 (5%) |
| 70세 이상 80세 미만 | 100분의 4 (4%) |
| 80세 이상 | 100분의 3 (3%) |

위의 내용을 좀 더 이해하기 쉽게 설명하자면, 세액공제형 개인연금을 통해 수령 받게 될 연간 연금 합계액이 1,200만원 이하일 경우에는 표 하단에 소개된 표에 제시된 세율로 연금소득세가 과세된다.

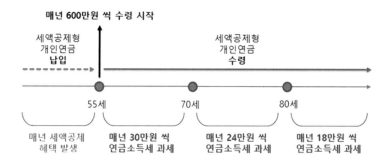

예를 들어 위의 그림과 같이, 은퇴자가 55세가 되는 나이에 은퇴를 하게 되었고 기존에 납입하던 세액공제형 개인연금을 앞으로 연

간 600만원(매월 50만원)씩 수령하겠다고 금융사에 신청을 했다고 가정을 하면, 이 사람은 70세가 되기 전까지는 매년 수령할 총 연금액인 600만원에서 5%인 30만원이 매년 과세될 것이다. 그리고 세월이 흘러 이 사람이 70세가 되었다면 그때부터 80세가 되기 전까지 600만원의 4%인 24만원이 과세될 것이고, 80세가 되는 해부터는 3%인 18만원이 매년 과세될 것이다.

그러나 세액공제형 개인연금을 통해 수령 받게 될 연간 연금합계액이 1200만원을 초과할 경우, 개인연금 수령금액과 기타 소득을 합산하여 종합소득과세를 하게 되므로 총 소득이 높을수록 과세되는 범위가 높아질 가능성이 있으므로 이 점을 유의해야 한다.

2014년 기준 종합소득세 세율을 아래와 같으니 참고하시길 바란다.

### 종합소득세 세율 (2014년 기준)

| 과세표준 | 세율 |
| --- | --- |
| 1,200만원 이하 | 6% |
| 1,200만원 초과 4,600만원 이하 | 15% |
| 4,600만원 초과 8,800만원 이하 | 24% |
| 8,800만원 초과 3억원 이하 | 35% |
| 3억 초과 | 38% |

세액공제형 개인연금의 또 다른 단점은 해지 시 기타소득세를 과세해야 한다는 점이다. 일반적으로 세액공제형 개인연금을 납입한

금액 중 세액공제를 받은 범위에 속하는 총 납입금액의 16.5%(지방소득세 포함)를 기타소득세로 과세하게 되는데, 만약 아래와 같이 특별 중도해지 사유에 해당이 될 경우 지방소득세를 포함하여 기타소득세 13.2%가 과세되니 유의해야 한다.

| 연금 이외의 수령 시 특별 중도해지 사유 목록 |
| --- |
| – 천재지변<br>– 가입자의 사망<br>– 해외이주<br>– 파산 또는 개인회생절차 개시<br>– 가입자 또는 그 부양가족의 3개월 이상 치료 및 요양<br>– 금융기관의 영업정지, 인허가 취소, 해산결의, 파산선고 |

• 종류

# 09

# Step4)
# 재무 포트폴리오 만들기

●

지금까지 여러분의 재무목표를 구체화시키고, 직접 세운 목표에 한걸음 더 다가가기 위해 목표 대비 우리의 현재 위치가 어디쯤인지를 파악하기 위해 우리의 현재 재무상태를 분석해 보았다. 이를 통해 우리의 재무 현황에 대한 파악 및 평가가 끝났다면 이제는 어떻게 재무목표를 달성해야 할지 실행방안을 세워볼 차례이다. 바로 우리가 전쟁터에 뛰어들기 위해 준비해야 할 무기와 방패를 선택해야 할 차례인 것이다.

우리가 재무목표를 달성하기 위해 앞으로 실행할 재무 포트폴리오를 구성하기 위해 수행해야 하는 작업은 아래와 같이 크게 2가지로 나누어 볼 수 있다.

– 재무 포트폴리오 구성 절차

■ 2년간 현금흐름표 만들기

■ 재무 포트폴리오를 구성하기 위한 금융상품 선택하기

보통 재무목표의 개수가 2개 이상일 것이며, 시기별로 1~3년 이내의 단기목표, 3년~10년 사이의 중기목표, 10년 이상의 장기목표로 분류될 것이다. 물론 재무목표 하나하나가 다 개개인에게 소중한 목표겠지만 실제로 단기적으로 작성한 재무목표가 가장 현실적일 가능성이 높다. 예를 들면 현재 사는 주택의 전월세 재계약 시 추가적인 보증금을 모으기 위한 재무목표나 이사를 위한 재무목표 등은 해당 목표를 반드시 이루어야 하는 시기가 대부분 정해져 있기 때문에 가장 현실성이 높은 재무목표일 수 있다. 따라서 월 저축 금액을 설정할 때 이런 단기 목표를 위한 자금을 참고하여 설정해야 한다. 그리고 재무적인 목표뿐만이 아니라 모든 목표들이 시기가 가까울수록 달성 확률이 높기 마련이다. 격투기 선수들도 가장 큰 힘을 발휘하는 순간이 시합의 마지막 즈음에 상대가 쓰러질 듯 하는 모습을 보이는 순간, 즉 곧 시합에서 승리할 순간이 얼마 남지 않았다는 확신이 들었을 때라고 하는 것과 같은 원리이다. 그렇기 때문에 재무 포트폴리오를 만들기 전에 먼저 앞으로 2년간 지출할 확률이 높은 재무 이벤트들을 정리하고, 2년 동안 발생할 소득 또한 함께 정리를 해 놓아야 한다.

그리고 본격적으로 재무 포트폴리오를 구성하기 위해 위에서 정리한 단기, 중기, 장기 목표를 달성하기 위한 기간별 저축 계획과 위험 보장을 위한 보장성 자산, 은퇴자산 마련을 위한 개인연금 자산을 활용하는 계획을 구성해야 한다.

그럼 이제부터 구체적으로 재무 포트폴리오를 만드는 방법에 대해서 설명을 하도록 하겠다.

## 2년간 현금흐름표 만들기

(단위: 만원)

| 날짜 | 소득 | | 비정기적 지출 |
|---|---|---|---|
| | 정기적 | 비정기적 | |
| 2015년 1월 | 월급 200 | | |
| 2월 | 〃 | 설상여 100 | |
| 3월 | 〃 | | 부모님 생신 20 |
| | | ⋮ | |
| 8월 | 〃 | | 여름휴가 100 |
| 9월 | 〃 | 추석상여 100 | |
| | | ⋮ | |
| 2016년 1월 | 월급 210 | | |
| 2월 | 〃 | 설상여 100 | |
| 3월 | 〃 | | 부모님 생신 20 |
| | | ⋮ | |
| 7월 | 〃 | | 여름휴가 100 |
| 8월 | 〃 | | |
| 9월 | 〃 | 추석상여 100 | |
| 10월 | 〃 | | |
| 11월 | 〃 | | 이사비용 150 |
| 12월 | 〃 | | |

[향후 2년간 현금흐름표]

### 예상 정기/비정기 소득

위의 표에서 보는 바와 같이 2년간 예상되는 정기적인 소득과 비정기적인 소득을 정리한다.

여기서 말하는 정기적인 소득이란 앞으로 2년간 매월 일정하게 발생하게 되는 소득으로 즉 예상 월 급여를 기입하면 될 것이다. 그리고 비정기적인 소득은 앞으로 2년간 비정기적으로 발생할 가능성이 있는 상여급들을 기입하면 된다.


### 예상 비정기 지출

위의 표에서 보는 바와 같이 2년간 예상되는 비정기적인 지출을 정리한다.

여기서 정기적인 지출이나 월 저축 금액은 차후에 다시 정리를 해서 표에 반영할 것이다. 그 이유는 정기적인 지출 같은 경우, 앞으로 우리가 재무목표를 달성하기 위한 저축 금액이나 리모델링 이후의 월 보험료, 그리고 변경될 수 있는 매월 개인연금 납입액이 도출된 이후에 정리해야 할 부분이기 때문이다.

예상 비정기 지출의 경우 앞으로 2년간 발생할 가능성이 높은 지출 사항들을 기록하는 것으로, 예를 들어 계획중인 여름 휴가 때 지출될 비용이나 어버이날에 부모님을 위해 지출될 비용, 또는 추석이나 설날 등 명절에 지출될 수 있는 비용들을 정리하여 기입하면 된다.

## 재무 포트폴리오 구성하기

목돈을 마련하기 위해 저축을 하기 위해서는 적금이나 펀드 등과 같은 금융상품을 활용해야 할 것이고, 언제 발생할지 모르는 위험으로부터 그 동안 우리가 일궈놓은 자산을 지키기 위해서는 보험과 같은 보장성 자산을 활용해야 할 것이며, 우리의 안락한 노후를 위해서는 개인연금과 같은 금융 상품을 활용해야 할 것이다. 하지만 우리나라에 존재하는 펀드만 1만가지가 넘으며, 보험도 한 보험사당 수십 가지가 넘는다. 여기에 은행의 저축 상품까지 포함하면 결국 우리 나라에만 몇 천, 몇 만 가지의 금융상품이 존재하는데 우리는 어떤 금융상품을 활용하여 재무 포트폴리오를 구성해야 하는 것일까?

우리는 앞으로 우리의 재무목표를 달성하는데 사용할 목돈을 마련하기 위해 매월 정기적으로 저축을 해나갈 것이고, 안락한 노후를 위한 은퇴자산을 마련하기 위해 매월 정기적으로 장기적인 저축을 해나갈 것이다. 이런 모든 저축 플랜들은 시기별 재무목표에 따라 짧게는 몇 개월 동안만 지속될 수도 있으며, 더 나아가 수십 년간으로 장기 플랜으로 지속될 수도 있다. 그런데 만약 저축을 해나가는 과정 중에 예상치 못한 재무적인 문제가 발생한다면 어떤 상황이 발생할까? 그 동안 유지해오던 저축 플랜이 한 순간에 망가져버리는 결과를 초래할 수 있다. 예를 들면, 2년 뒤 전세 계약이 만료될 예정인데 요즘 분위기를 보니 현재 집에서 더 살고 싶을 경우 집주인에게 보증금을 대략 3천만 원 정도를 더 지불해야 할 것으로 예상이 된다. 그렇다면 지금부터 바로 2년간 '3천만 원 추가 보증금 마련하기 재무목표'를 위한 저축 플랜이 시작되어야 한다. 이를 달성하지 못할 경우 원하지 않는 지역으로 이사를 가야 하는 안타까운 상황이 발생될 수 있기 때문이다. 결국 이 재무목표는 반드시 이루어야 할 간절한 목표일 텐데, 만일 이를 위해 매월 125만원(3000천만 원 ÷ 24개월)씩 저축하는 동안 전혀 예상치 못한 일이 발생할 수 있다. 예를 들면, 건강이 안 좋아서 큰 금액의 치료비가 지출이 발생했다거나 집안의 냉장고와 같은 중요한 가전제품이 고장이 나서 교체비용이 발생했다거나 가족들 중에서 어려운 상황에 놓여 우리가 일시적으로 재정적인 지원을 해줘야 할 일이 발생할 수도 있는 것이다. 이렇게 되면 결국 전세 계약이 만료될 때까지 모아야 할 추가 보증금을 다 모으지 못하게 되는 것이다. 그리고 이러한 사례들은 실제로 우리 주위에서 빈번하게 발생할 수 있다.

이렇게 늘 재무계획을 실행하는 과정에서 예기치 못한 문제가 발생하기도하고 또는 단순히 의지가 약해서 재무목표를 달성하지 못하는 경우도 있다. 결국 재무계획을 실행해 나간다는 것은 수많은 위험이 도사리고 있는 전쟁터 속에서 전투를 치르는 것과 같다고 볼 수 있다. 그 전투의 끝에서 승리를 맛볼 수 있는 사람에게는 안락한 평화를 누릴 수 있는 특권이 주어질 것이고 실패한 사람은 앞으로 더욱 힘든 전투를 치러야 할 짐이 안겨지는 것이다.

그렇다면 우리는 이 전쟁을 승리하기 위해 어떻게 해야 할 것인

가? 아래의 그림을 보자

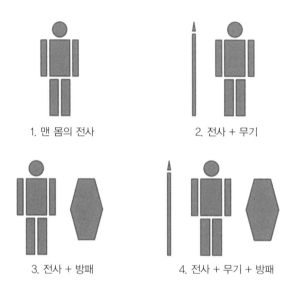

1. 맨 몸의 전사

2. 전사 + 무기

3. 전사 + 방패

4. 전사 + 무기 + 방패

1번의 그림을 보자. 양손에 아무것도 쥐지 않은 채 전쟁터에 들어가는 순간 날아오는 찰나의 공격에 저 세상으로 가고 말 것이다.

평상시에 저축도 하지 않을뿐더러 비상 상황을 대비하기 위한 보장 자산 또한 갖추어 놓지 않은 부류의 사람을 뜻한다.

2번의 그림에 있는 전사는 다행이 창이라는 무기를 가지고 있다. 1번의 경우보다는 전쟁에 임할 자세가 되어 있는듯해 보여 좀 더 든든해 보이긴 한다. 그러나 여기서 중요한 문제가 있다. 전쟁터에서 적을 향해 달려가는 도중에 날아오는 창은 어떻게 막을 것이란 말인가? 결국 공격 한번 해보지 못하고 억울하게 저 세상으로 가고 말 것이다.

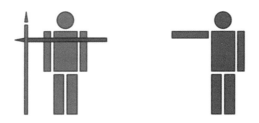

간절한 재무목표가 생겨서 열심히 저축을 하였지만 결국 중간에 예상치 못하게 목돈이 들어갈 상황이 닥쳐서 도중에 모은 돈을 날려버리는 상황과 같다.

3번 그림 속의 전사는 2번과 같은 상황을 대비하여 방패를 준비하였기 때문에 적군으로부터 들어오는 공격에도 안전하겠지만 결국 공격할 무기가 없기 때문에 전쟁에 참여한 의미 조차 없는 상황이다.

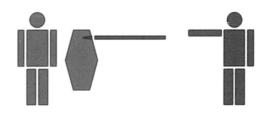

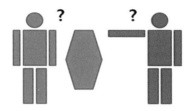

결국 아무리 보장 자산을 잘 준비해 놓아도 저축을 하지 않으면 아무 소용이 없다.

결국 전쟁에서 승리할 확률이 높은 케이스는 4번이다. 적군에게 진격하는 과정에서 들어오는 공격도 막을 수 있을 것이고, 적의 앞까지 접근했을 때 가지고 있는 무기로 바로 공격을 할 수 있어야 한다.

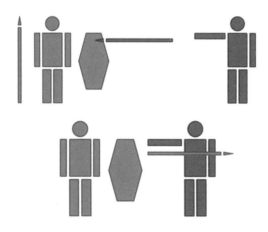

물론 창과 방패를 모두 가지고 달려가기 위해서는 그만큼 체력을 키워야 할 것이고, 더욱 효율적인 방어와 공격을 하기 위해 반드시 좋은 방패와 무기를 골라야 할 것이다. 여기서 말하는 체력을 키워야 한다는 말의 의미는 비재무적인 영역에서 자기 개발을 통해 여러분

의 업무 능력을 올리거나 경력을 쌓아나감으로써 소득을 높여야 함을 뜻한다. 그리고 좋은 방패를 고른다는 것은 여러분의 재무적인 상황과 성향에 적합한 보장 자산을 선택하는 것을 의미하고, 좋은 무기를 고른다는 것은 각 재무목표에 효율적으로 달성하기 위한 적합한 저축 상품을 선택하는 것을 의미한다.

여기서 보장 자산은 아래와 같이 크게 2가지로 나누어 볼 수 있다.

- 비상자금(유동성 자산)

- 위험대비자금

비상자금이란 전혀 예기치 않은 상황으로 인해 지출을 해야만 할 때 발생하는 비용을 뜻하며, 위험대비자금은 우리의 신체와 관련하여 발생하는 위험을 뜻한다.

이렇게 우리의 안정적인 삶을 위한 방패막을 먼저 준비하고, 그다음 목돈마련을 위한 저축 계획을 세우기 시작하면 된다. 여기서 저축을 위한 계획을 세우는 순서는 은퇴자산을 위한 저축 계획을 먼저 세우고, 그 다음 나머지 단기, 중기, 장기 저축 중에서 가장 중요성이 높은 것을 위주로 계획을 해 나간다. 여기서 은퇴자산 마련 계획이 가장 나중에 있을 목표인데도 불구하고 먼저 시작하는 이유는 가장 중요한 목표이기 때문이다. 내 집 마련 계획이나 자녀교육자금, 전세보증금마련과 같은 재무목표들의 달성 수준이 떨어지면 어느 정도 시기를 조절하거나 눈높이를 조절함으로써 해결할 수 있는 여지가 있으며 일시적인 불편함을 감소하면 되는 경우가 대부분이다. 하지만 은퇴목표의 달성 수준이 떨어지게 되면 한 순간이 아닌 수십 년간 그 고통을 감수해야만 할 것이다.

그럼 이제부터 재무 포트폴리오를 구성하는 방법에 대해 구체적으로 이야기해 보도록 하자.

### 유동성 자산 준비하기

**유동성 자산의 적정 금액은?**

여기서 말하는 유동성 자산이란 해지나 환매 신청을 별도로 하지 않아도 언제든지 손실금액 없이 출금을 할 수 있는 자산을 뜻하며, 우리가 위에서 얘기했던 비상자금이 여기에 해당된다.

비상자금이란 전혀 예기치 않은 상황으로 인해 지출을 해야만 할 때 발생하는 비용을 뜻하며, 가족에게 급하게 병원비를 지원해주어야 한다거나 갑작스럽게 세금을 납부하기 위한 목돈이 필요한 경우도 해당이 되며 가장 드문 경우가 카드 할부를 일시에 해결하기 위한 경우도 비상자금을 활용하기도 한다. 그리고 전혀 예상하지 못한 곳에서 비상자금이 절실해지는 경우가 있는데 바로 일정하게 발생하던 소득이 나오지 않는 경우이다. 예를 들면 근무중인 회사의 사정이 좋지 않아 급여가 밀리거나 부동산 임대소득을 받고 있는데 갑작스럽게 월세가 들어오지 않거나 또는 공실이 발생하는 경우 또한 해당이된다. 따라서 이런 상황에서도 평상시와 같이 일정한 현금흐름을 유지하기 위해서는 비상자금을 별도로 준비하고 있어야 하기 때문에 'Step2) 재무현황 파악하기'에서 설명했듯이 평소에 대략 아래의 공식을 활용한 결과 값만큼은 준비할 것을 권장한다.

$$비상 자금 = \frac{연간\ 발생\ 가능한\ 비정기적\ 지출\ 금액}{+\ 월\ 정기지출의\ 1{\sim}2배에\ 해당하는\ 금액}$$

### 무엇으로 준비해야 하나?

이제 비상 자금을 얼마나 준비해야 한다는 것은 알겠는데, 이 비상자금은 어디에 보관하고 있는 것이 좋을까? 가장 단순한 방법은 당연히 월급여 통장과 같은 입출금 계좌를 활용하는 것이다. 그러나 고인 물은 썩는 법, 요즘과 같이 물가가 올라가는 상황에서 이자 한 푼 제대로 안 주는 계좌에 굳이 돈을 고이 모셔둘 필요가 없다.

그렇다면 비상 자금을 유지하는 과정에서 꾸준히 이자가 발생할 수 있는 계좌를 활용해야 할 텐데, 정기예금을 활용하는 것은 어떨까? 분명히 이자는 발생하겠지만 정기예금은 가입 시 6개월이나 1년?2년 등 해당 금액을 반드시 유지해야 이자를 주겠다고 하는 만기

기간이 존재하기 때문에 그 기간 안에 돈을 인출하려면 예금을 해지해야 하고 결국 만기 때 받을 수 있을 이자를 포기해버리는 상황이 발생하게 된다. 비상자금이 필요한 경우는 언제 발생할지 모르기 때문에 항상 예금 만기 때까지 비상자금을 유지할 수 있으리란 보장은 없는 법이다.

이러한 단점을 극복할 수 있는 금융상품으로는 CMA, MMF, MMDA 등이 있다. 각자 특성은 다르지만 다양한 자산 운용을 통해 적립되어 있는 금액에 대해 매일 이자를 지급해주는 유동성 계좌이다. 예전에는 증권사에서 CMA와 MMF를 증권사에서 취급하고 은행에서 MMDA를 취급하였지만 최근에는 취급하는 금융사의 경계가 허물어져 있는 상황이기 때문에 은행에서도 MMF를 취급하기도 한다.

MMF는 Money Market Fund의 약자로 단기금융상품에 집중 투자해 단기 실세금리의 등락이 펀드 수익률에 신속히 반영될 수 있도록 한 계좌 형태의 초단기펀드형 투자상품이다. 물론 이 상품 또한 엄연히 펀드이기 때문에 원금이 보장된다거나 예금자보호법의 보장을 받지는 못하지만 투자처의 대부분이 CP(기업어음)이나 CD(양도성예금증서, 콜론(Call Loan) 또는 국공채에 대부분 투자되기 때문에 안정성이 뛰어나다. 하지만 이렇게 안정성이 높은 투자처를 활용하는 만큼 수익률은 정기예적금 보다 낮은 경우도 있지만 매일매일 이자를 받을 수 있다는 장점은 그 어떤 금융상품에서도 찾아볼 수 없는 큰 특징이다.

CMA는 Cash Management Account의 약자로 종합자산관리계좌를 뜻하며, MMF형과 RP형으로 투자운용방식을 선택할 수 있다. MMF형은 위의 MMF와 동일한 방식이고, RP형은 안정적인 확정금리형 RP(환매조건부채권)에 투자함으로써 이자수익을 발생시키는 채권 투자형 상품이다. 종합금융사(일명 종금사)에서 취급하는 CMA는 예금자보호법에 의해 5000만원까지 원금과 소정의 이자를 보장받을 수 있지만, 증권사에서 취급하는 CMA는 원금보장기능이 별도로 제공되지 않는다. 하지만 안정적인 투자처를 활용하기 때문에 원금손실이 발생할 가능성은 매우 낮다고 볼 수 있다.

MMDA는 Money Market Deposit Account의 약자로 은행이나 수산업협동조합이나 농업협동조합에서 취급하는 상품이다. 증권사 CMA나 MMF와의 차이점으로는 예금자보호를 받을 수 있다는 점이지만 CMA나 MMF에 비해 금리나 수익이 높지 않다는 단점이 있다.

이렇게 CMA, MMF, MMDA와 같이 매일 이자수익이 발생하는 유동성 계좌를 활용하여 비상 시 필요한 자금을 항시 준비해두길 바란다.

## 보장성 자산 구성하기

비상자금과는 별도로 위험대비자금을 항상 준비하고 있어야 하는데, 위험대비자금이 비상자금과 다른 점은 우리의 신체와 관련하여

발생하는 위험이라는 것이다. 'Step3) 재무현황 분석 및 평가하기'
의 '보장 자산 분석' 편에서 이미 설명하였듯이, 우리가 가장 효율적
인 구성의 보장성 보험을 유지하기 위해서는 국가 보건 통계와 같은
자료를 기반으로 하여 발병 확률이 높은 암, 뇌질환, 심장질환을 보
장하는 내용이 보험에 포함이 되어야 할 것이다. 그리고 실손의료비
보험과 사망 보장을 'Step3)'에서 설명했던 기준에 맞추어 구성하면
된다. 기존에 가입이 되어 있는 보장성 보험을 분석한 뒤 부족한 보
장내역을 채우기 위해서나 또는 여러분의 니즈에 적합하지 않아 해
지 후 재가입을 함으로써 보장내역들을 더욱 완벽하게 구성해나가야
할 텐데 그렇다면 어떤 보장성 보험 상품들을 활용하는 것이 좋을
까? 우리나라 내에서 활동하고 있는 보험사만 30개 이상이다. 여기
서 우리가 원하는 보장자산 구성을 위해 활용할 수 있는 보장성 보험
을 찾는 방법이 필요한데 어떤 기준을 활용하는 것이 좋을까?

우리나라 보험사는 크게 손해보험사와 생명보험사로 구분 지을
수 있으며, 손해보험사는 보통 'oo화재보험'이나 'oo손해보험'이라
고 부른다. 그리고 생명보험사는 'oo생명보험'이라고 부르는 회사들
로서 두 부류가 각각 공통적인 특징을 가지고 있다. 이 특징을 크게
두 가지로 나누어 보면 사망보장과 3대 질병(암, 뇌질환, 심장질환)
진단자금 보장인데 이에 대해 좀더 구체적으로 알아보도록 하자.

• 사망보장 구성 시 권장사항

먼저 사망보장에 대해 차이점부터 알아보도록 하자. 손해보험사의

사망보험과 관련된 보장내역을 보면 '질병사망' 또는 '상해사망'과 같이 각 사망보장에 대해 보장받을 수 있는 사망 사유가 제시되어 있다. 예를 들어 손해보험사에서 가입한 보장성 보험의 보장내역에 '질병사망'만 있는 경우 피보험자가 교통사고나 낙상 사고와 같은 신체 외적인 요인으로 인해 상해로 사망을 한 상황일 때는 보장을 받지 못한다. 또는 유지중인 보장성 보험의 보장내역에 '상해사망'만 있을 경우 암이나 뇌졸중, 급성심근경색과 같은 질병으로 인해 사망을 하는 경우 보장받지 못한다. 그렇다면 돌연사와 같은 해당 시점에서 사망 근거를 파악할 수 없는 사망은 어떨까? 부검과 같은 의료 행위를 통해 사망 근거를 입증할 수 있는 증빙 자료가 준비되지 않는 이상 보험사로부터 보험금을 수령할 확률이 매우 낮아진다. 따라서 사망 보험을 가입하기 위해서는 가능한 생명보험사의 일반사망보장을 가입할 것을 권장한다. 물론 사망 케이스에 따라 보험사와의 마찰이 발생할 여지가 있지만 손해보험사의 사망 근거에 보험금 수령이 좌우되는 리스크는 절감시킬 수 있을 것이다.

• 암, 뇌질환, 심장질환 진단자금 구성 시 권장사항

암, 뇌질환, 심장질환 등의 질병이 발병할 경우 병원에서 해당 질병에 대한 진단을 받게 될 것이다. 이때 여러분이 유지중인 보험내역 안에 'ㅇㅇㅇ 진단비' 또는 'ㅇㅇㅇ 진단 특약'이라는 명칭의 특약이 있을 경우 보험사는 해당 질병 진단을 이유로 해당 보장내역의 가입금액(보험금액)에 명시된 금액을 수익자에게 지급하게 된다. 이 진단자금은 보통 가입 시 수백 만원에서 수 천만 원단위의 보험금액으로 가입이 되기 때문에 다양한 용도로 활용될 수 있기 때문에 매우 중요하다. 예를 들면 앞으로 수시로 얼마나 지출될 지 모르는 병원 비용을 미리 준비하기 위한 비상 자금의 개념으로 비축해 둘 수도 있고, 암이나 뇌질환, 심장질환과 같은 중요 질병들 같은 경우 간병비 또한 만만치 않기 때문에 이를 위한 자금으로도 일부 활용할 수도 있다.

이렇게 보험의 진단특약은 피보험자가 해당 질병에 발병하여 자산관리 측면에서 위험에 처했을 때 유용한 자산으로 활용될 수 있는데 생명보험사와 손해(화재)보험사의 진단특약 간에 차이점이 있다. 여러분이 실제로 보장성 보험 상품에 가입할 시 여러 보험사의 상품들을 직접 비교해 보아야 하겠지만, 일반적으로 생명보험사의 진단자금특약의 보험기간이 80세 만기가 대부분이거나 100세 보장이더라도 갱신형으로 구성되어 있는 경우가 많은 것에 비해 손해보험사의 진단자금특약의 보장기간은 100세 이상으로 구성되어 있고 같은 생명보험사에 비해 같은 보험금액 대비 보험료가 저렴하다는 것이 장점이다.

뇌질환의 보장 범위에서도 생명보험사와 손해보험사 간에 차이점을 볼 수 있다. 아래 2개의 질병분류표를 보도록 하자.

| 뇌졸중 분류표 | |
| --- | --- |
| 대상질병 | 분류번호 |
| 1) 지주막하 출혈 | I60 |
| 2) 뇌내출혈 | I61 |
| 3) 기타 비외상성 두개내 출혈 | I62 |
| 4) 뇌경색증 | I63 |
| 5) 뇌경색증을 유발하니 않은 뇌전동맥의 폐색 및 협착 | I65 |
| 6) 뇌경색증을 유발하지 않은 대뇌동맥의 폐색 및 협착 | I66 |

| 뇌출혈 분류표 | |
| --- | --- |
| 대상질병 | 분류번호 |
| 1) 지주막하 출혈 | I60 |
| 2) 뇌내출혈 | I61 |
| 3) 기타 비외상성 두개내 출혈 | I62 |

위의 뇌 관련 질환의 일종인 뇌졸중과 뇌출혈에 관한 질병분류표를 참고해 보았을 때 우리는 뇌졸중의 범위가 뇌출혈에 비해서 더 넓다는 사실을 알 수 있다. 2000년대 중반부터 생명보험사의 경우 뇌졸중 보장특약에서 대부분 뇌출혈로 보장범위가 축소되었다. 뇌 관련 질환의 대표적인 증상이 치매이며, 현재 우리나라는 빠른 고령화와 함께 치매환자가 급속도로 증가하고 있는 추세이다. 2005년 8만3천 명에서 2013년 기준으로 53만 명을 넘기면서 7년 사이에 6배로 급증했다고 하니 뇌 관련 질환으로 인해 지출될 자금 또한 무시할 수 없는 상황이기 때문에 이러한 뇌 질환 보장을 위해 보험을 가입할 때 보장 범위를 잘 고려하여 가입해야 할 것이다.

결론적으로 암, 뇌질환, 심장질환에 대한 진단 자금 보장을 위한 보험을 가입할 때 생명보험사보다는 손해보험사를 통해 가입할 것을 권장한다.

• 실손의료비 보험 가입 시 권장사항

실손의료비 보험은 생명보험사와 손해(화재)보험사 모두 취급하며, 가입 시 참고해야 할 사항은 2013년부터 실손의료비 보장만 단독으로 가입이 가능하다는 것이다. 실손의료비 보장은 크게 다음과 같이 구성된다.

– 질병/상해 입원 의료비 보장

– 질병/상해 통원 의료비 치료비 보장

– 질병/상해 통원 의료비 처방조제비 보장

만약 보험설계사에게 오로지 실손 의료비 보장 만을 위해 보험설계를 요청하였는데 위의 보장내역 이외에 다른 보장이 추가석으로 늘어가 있을 경우 순수한 단독 실손의료비 보험이 아닐 확률이 크니 참고하기 바란다.

그리고 실손 의료비 보험이 없어서 새로 가입하는 중에 위에서 설명했던 진단자금 보장보험을 가입할 계획이라면 손해보험사에서 진단자금 보장 내역에 실손의료비 보장을 추가하여 하나의 보험으로 가입할 수도 있음을 참고하기 바란다.

지금까지 보장성 자산을 효율적으로 구성하기 위해 보장성 보험을 설계하는 방법에 대해 알아보았다. 결론적으로 사망이라는 위험으로부터 가족을 보호하기 위해서는 생명보험사의 사망보험을 활용할 것을 권장하며, 살아생전에 질병이나 상해로 인한 갑작스러운 비용 지출의 위험을 회피하고자 한다면 손해(화재)보험사의 질병상해보험을 가입하고 추가적으로 실손의료비 보험을 추가적으로 가입하길 바란다.

※ 경제적으로 보험료 내는 것이 부담되어서 보험을
  가입할 수 없다면?

매월 보험료를 납입할 수 없을 만큼 경제적인 상황이 어렵다는 뜻은 그만큼 질병이나 상해와 같은 위험에 처할 경우 경제적인 파탄까지 갈 수도 있다는 의미로 볼 수 있다. 따라서 이런 상황 일수록 보장성 보험을 준비해야 할 필요성이 더욱 높다고 볼 수 있다.

사망보장, 3대질병(암, 뇌질환, 심장질환) 진단자금 보장, 실손의료비 보장을 모두 가입하는 것이 좋겠지만, 월 소득이 매우 적거나 매월 보험료를 납입할 수 없을 만큼 경제적인 상황이 어려운 경우에는 먼저 실손 의료비 보험을 가입하고 사망보험을 정기(사망)보험으로 보장기간을 짧게 하여 가입한 뒤, 그 후 상황이 나아질 경우 3대질병 진단자금 보장보험을 가입하는 방법도 고려해 볼 수 있다.

실손 의료비 보험을 먼저 가입할 것을 권장하는 이유는 보험료가 보장 대비 매우 저렴하기 때문이다. 그러나 이것만 가지고는 모든 위험을 대비할 수는 없으며 가족 구성원 중 일부가 사망할 경우 나머지 가족 구성원의 생계가 위험해질 가능성이 매우 높으므로 저렴한 보험료로 사망보험을 함께 준비해야 할 것이다. 일반적으로 사망보험의 보험료가 저렴하지 않기 때문에 사망을 보장하는 기간을 5년이나 10년 등으로 설정하여 정기보험을 가입하는 것도 좋은 방법이다. 여기서 5년이나 10년의 의미는 해당 가정의 소득이나 재무현황 등 경제적인 환경이 안정화될 때까지의 기간을 뜻하며 각 가정의 상황에 따라 직접 정할 수 있다. 그리고 차후 경제적인 환경이 어느 정도 안정화될 때쯤 진단자금 보험을 가입하면 된다. 하지만 보장성 보험이라는 것이 가입하고 싶을 때 원하는 금액으로 항상 가입을 할 수 있는 것이 아니고 가입 전에 건강상의 문제가 발생하거나 우리 나라 보험업계의 상황으로 보험료가 인상될 경우 보장성 보험을 가입하는 것에 제약이 생길 수 있으므로 가능한 일찍 준비할 것을 권장한다.

여기까지 우리에게 적합한 보장성 보험을 설계할 수 있는 방법에 대해 정리해 보았다. 보장성 보험은 상품 특성상 보험사에 문의를 하지 않고서는 보험료를 계산할 수가 없으나 특정 보험사들의 홈페이지에서는 가상으로 보험료를 계산할 수 있는 기능을 제공하고 있다. 그러나 어떤 보험사들의 홈페이지 같은 경우에는 보험료 알아보기 버튼을 클릭하였을 때 보험설계사에게 연결이 되는 경우도 간혹 있으니 참고하길 바란다.

### 연금성 자산 구성하기
**은퇴준비를 위한 저축성 보험 활용 전략**

'Step3) 재무현황 분석 및 평가하기' 단계에서 보험사에서 가입할 수 있는 개인연금보험의 단점이 비싼 사업비라는 점에 대해 설명하였다. 혹시 이 사업비를 절감할 수 있는 방법은 없을까?

일반적으로 저축보험, 변액연금보험, 변액유니버셜보험, 연금저축보험, 연금보험 등 보험사의 모든 저축성보험은 추가납입기능을 가지고 있으며, 각 상품마다 수수료가 0~3% 대로 다양하다. 그리고 가입할 시 결정한 월 납입보험료의 최대 2배까지 매월 추가납입이 가능하다. 아래의 그림은 추가납입을 활용하는 예를 설명하고 있다.

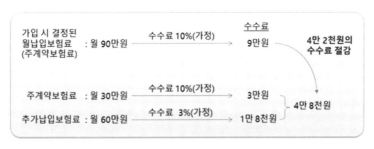

[저축성 보험 사업비 절감 전략]

예를 들어, 매월 90만 원씩 연금보험료를 납입할 것으로 결정하고 주계약 보험료를 90만원으로 가입하였다고 가정을 해보자. 그렇다면 매월 납입하는 90만원에서 약 10%인 9만원이 수수료로 차감될 것이기 때문에 매월 적립되는 금액은 81만원이 될 것이다. 이 수수료를 줄이기 위해 우리는 추가납입기능을 활용해야 하는데, 매월 90만원씩 납입할 것이라면 주계약 보험료를 30만원으로 설정하여 가입하고 추가납입 60만원을 신청하는 것이다. 보통 추가납입수수료는 상품마다 차이가 있지만 0%에서 3%까지가 보통이기 때문에, 예를 들어 추가납입 수수료가 3%라고 가정할 경우 추가납입을 신청한 매월 60만원에 대해서는 약 1만8천 원의 수수료가 차감될 것이다. 그리고 주계약 보험료 30만원은 그대로 10%의 수수료인 3만원이 차감되는 것이다. 결국 주계약 보험료를 단순히 90만원으로 가입할 경우 매월 차감되는 수수료가 9만원이지만 추가납입기능을 최대로 활용할 경우 4만 8천원의 수수료만 차감되는 것으로 수수료 절감 효과를 발생시킬 수 있다.

다만 여기서 주의해야 할 점이 몇 가지 있다.

첫 번째로 추가납입기능은 월 보험료의 2배까지가 최대라는 점이다. 그리고 두 번째로는 연금보험료 납입기간에 대한 부분인데, 변액유니버셜보험, 변액연금보험, 연금보험 등은 처음 가입을 할 때 몇 년 동안 의무적으로 연금보험료를 납입할 것인가를 결정하기 위해 의무납입기간을 설정하게 되어 있다. 해당 개인연금 상품의 가입자가 납입할 수 있는 최대 추가납입보험료의 크기는 이 의무납입기간 동안 납입할 수 있는 총 주계약 보험료의 2배가 된다. 예를 들면, 가입한 연금보험의 의무납입기간이 10년이고, 주계약 보험료가 월 10만원이라면, 이 연금보험 상품에 납입할 수 있는 최대 추가납입보험료는 10만원 x 10년(120개월) x 2배인 총 2400만원만이 되는 것이다. 그렇기 때문에 가입할 당시에 주계약 보험료를 단순히 저렴하게

만 설정하는 것보다는 차후 활용 가능할 추가납입보험료를 고려하여 주계약 보험료를 설정할 것을 권장한다.

### 수령 시기에 따른 개인연금 활용 전략

'Step3) 재무현황 분석 및 평가하기' 단계에서 종신수령형 개인연금과 확정수령형 개인연금의 각 특징에 대해서 알아보았다. 이 두 가지 형태의 개인연금은 각자 고유의 장단점을 가지고 있기 때문에 한가지만 활용하기보다는 은퇴 각 시기의 특징에 맞게 두 가지 개인연금을 적절히 활용할 수 있는 전략을 구성할 것을 권장한다. 대표적인 전략으로 '징검다리 연금 전략'이 있다.

우리나라 사람들 모두가 안정적으로 직장생활을 마치고 곧바로 공적연금을 수령할 수 있다면 얼마나 좋을까? 이러한 시나리오가 모든 이들에게 적용될 수 있다면 대한민국의 경제는 지금까지와는 비교할 수 없을 만큼 수준 높은 경제 상황을 연출해낼 수 있을 것이다. 그러나 모든 것이 그렇듯이 행복한 상황만 전개되는 것은 아닌 듯 하다.

누구든지 각종 언론 매체를 통해서 직장 평균 정년 시기에 관련된 기사를 접해본 기억이 있을 것이다. 일반적으로 사기업의 경우 평균 45세가 넘도록 직장에서 근무하는 것이 쉽지 않다는 의견이 대부분이고 공기업의 경우 평균 50세 이상 근속이 가능하지만 여러 가지 이유로 퇴직을 하는 사례가 빈번하게 발생하고 있다. 이에 대한 피로도가 쌓이면서 자영업자 수가 늘고 있는 상황이지만 사업이라는 것도 현실상 생존율이 매우 낮다. 2013년 기준으로 한해 동안 우리나라에서 폐업한 치킨 집만 6천 개가 된다고 하며, 사회적으로 각광받고 있다는 직종인 병의원 만 하더라도 폐업 신고 수가 약 1천 개 정도라고 하니 누구에게든지 안정적인 노후생활이란 것이 갈수록 먼 나라 이야기가 되어가는 것만 같다.

북극이나 남극과 같은 빙하지대를 탐험하는 모험가들은 모험 과정에서 수많은 위험을 겪는다고 한다. 그 중에서 우리가 가장 잘 알고 있는 위험 요소중의 하나가 크레바스(crevasse)이다. 크레바스란 빙하가 갈라져서 생긴 좁고 깊은 틈인데 환경적인 이유 때문에 탐험가들이 육안으로 쉽게 알아보지 못하고 지나가다가 크레바스에 빠져버리는 곤경에 처해 목숨을 잃는 경우가 많다. 이와 비슷하게도 사람들이 퇴직이나 폐업이란 상황에노 불구하고 섣불리 은퇴생활로 접어들지 못하는 가장 큰 이유는 한 동안 소득 공백이란 문제가 발생하기 때문일 것이다. 공적연금은 종류에 따라 다르지만 보통 60세 이후부터 수령이 가능한데 평균적으로 그보다 훨씬 전에 은퇴시기를 접해버리게 된다. 그렇다면 은퇴 이후부터 공적연금이 수령 개시되기 전까지는 그때까지 모아놓은 자산을 이용해서 살아가야 할 것인데, 문제는 이제껏 들어간 생활비뿐만 아니라 자녀들을 교육시키고 내집마련을 위해 들어간 비용들 때문에 별도로 모아놓은 은퇴자산이 없어서 소득공백기를 견뎌낼 수 없다면 마치 모험가들이 크레바스에 빠져서 곤경에 처하는 것과 같은 생활이 연출될 수 있다. 이를 해결하기 위해 일찍부터 공적연금 별도의 은퇴자산을 준비하던지 아니면 은퇴 이후에도 어떻게든 소득 창출을 위해 일자리를 찾아봐야만 할 것이다.

이렇게 은퇴시기부터 공적연금 수령시기 전까지의 소득공백기 동안에 안정적인 생활을 위한 연금자산을 징검다리 연금 또는 가교 연금이라고 한다.

아래의 그림을 보도록 하자.

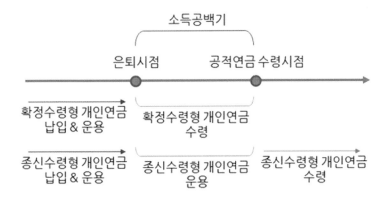

위와 같이 은퇴하기 전에 확정수령형 개인연금과 종신수령형 개인연금을 함께 준비를 한다면 두 개의 개인연금을 동시에 수령하는 것 보다는 시기를 나누어 수령하는 것이 훨씬 효율적이다. 먼저 은퇴시점에 접하게 되면 공적연금 수령하기 전까지의 기간 동안 확정수령형 개인연금 수령을 시작할 것을 권장한다. 어차피 확정수령형 개인연금은 종신 수령이 불가능하기 때문에 기간을 최대한 늘림으로써 매월 수령 금액이 낮춰지는 것 보다는 소득공백기간 동안으로 수령 시기를 압축시켜서 매월 수령 금액을 높이는 방법이 소득공백기 동안의 생활을 안정화 시키는 측면에서 훨씬 효과적이다. 그리고 확정수령형 개인연금을 수령하는 시기 동안 종신수령형 개인연금의 자산은 계속 운용될 것이다. 자산을 키우기 위한 가장 좋은 방법은 운용 시기를 가능한 길게 가져가는 것이다. 때문에 확정수령형 개인연금을 수령하는 과정에서 별도로 종신수령형 개인연금은 계속 운용되면서 연금자산을 키워갈 것이고, 마지막으로 확정수령형 개인연금 수령이 종료됨과 동시에 공적연금 수령이 시작되는 시점부터 종신수령형 개인연금 수령을 함께 시작하여 남은 노후시기 동안 더욱 안정적인 은퇴생활을 유지하게 될 수 있다. 다만 여기서 주의해야 할 사항은 개인연금 상품 별로 가입자가 선택할 수 있는 최초 개인연금 수령 시점이 다르기 때문에 개인연금 상품 가입 시 이 부분을 주의 깊게 살펴 보아야 한다. 일반적으로 연말 정산 시 세액공제 혜택이 있는 연금저축상품의 경우 만 55세부터 수령 시점을 선택할 수 있으며 비과세형 (변액)연금보험 상품의 경우 45세부터도 수령이 가능하다.


### ※ 퇴직연금

일반적으로 1년 이상 근무한 근로자에 대하여 기업은 금전적 보상을 제공하도록 되어있는데 이를 '퇴직급여' 라고 한다. 2005년 이전까지는 퇴사자에게 일시금 형태로 퇴직금을 지급하도록 되어 있었는데, 2005년 12월 퇴직연금제도 도입 이후부터 퇴직급여를 연금형태로 수령할 수 있도록 지급형태가 추가되었다.

각 기업에서 근로자들이 선택할 수 있는 퇴직연금은 크게 확정급여형(DB)과 확정기여형(DC)으로 구성되어 있으며, 개인적으로 퇴직연금을 관리할 수 있는 퇴직연금으로 개인형퇴직연금(IRP)이 있다.

확정급여형(DB)는 Defined Benefit의 약자로 소속된 기업에서 근로자의 퇴직급여 자금 운용방식을 결정하고 근로자가 지급받을 급여의 수준이 사전에 결정되는 방식이며, 확정기여형(DC)는 Defined Contribution의 약자로 근로자가 개별적으로 자신이 선택한 금융사를 통해 근로자 스스로 퇴직급여자금을 운용하여 차후에 지급받을 퇴직급여자금 수준을 결정짓게 되는 방식이다.

확정급여형(DB) 퇴직연금은 회사 인사 및 총무 담당자를 통해 현재까지의 적립금 현황을 직접 조회할 수 있으며, 확정기여형(DC) 퇴직연금은 자신이 선택한 금융사의 온라인뱅킹이나 고객센터방문을 통해 현재 평가액을 조회할 수 있다.

퇴직연금 또한 확정수령형 개인연금과 같이 수령 기간이 가입자의 선택에 따라 확정되기 때문에 만 55세 이후부터 공적연금을 수령하기 전까지 징검다리 연금 용도로 활용할 것을 권장한다.

## 세액공제형 개인연금 간의 연금저축이전제도 활용하기

'그때 좀 더 생각해보고 선택할 걸…'

누구나 살면서 한 번쯤 해볼 법한 생각이다. 세상 만사를 겪다 보면 지금의 정신 상태만 온전히 유지하고 그 당시로 돌아간다면 좀더 나은 선택을 할 수 있을 것이란 미련이 들기 마련이다. 그러나 과거로 되돌아가는 것을 당연히 불가능할 테고 앞으로 똑같은 일을 또 겪게 되면 그때는 같은 실수를 반복하지만 않으면 된다. 그러나 어디 세상 일이 우리 생각처럼 흐르던가? 결국은 겪어보지 않은 새로운 문제에 맞닥뜨리게 되고 우리는 또 아무런 준비 없이 선택의 기로에 서게 될 것이다.

'학창시절에는 공부를 하고 시험을 보지만, 사회에서는 시험을 보고 공부를 한다.'

이 말이 이러한 상황들을 대변해주는 듯 하다.

보통 개인 재무관리를 위해 자신의 재무현황을 분석하는 과정에서 씁쓸한 상황이 발생하는 가장 큰 이유는 유지 중이었던 금융상품이 본인이 알고 있던 것과는 너무나도 다른 상품임을 깨닫게 되는 경우가 있기 때문이다. 이를 깨닫게 된 후 일부 금융상품들은 해지를 할 경우 지금까지 납입한 만큼 어느 정도 돌려받을 수 있는 경우가 있지만, 해지 시 손해가 발생하는 금융상품의 수가 더 많다는 것은 안타까운 사실이다.

이는 개인연금을 선택 및 유지하는 과정에서도 충분히 발생할 수 있는 사항이며, 손실을 입는 가장 큰 이유는 보험사의 개인연금의 경우 가입시점부터 10년 또는 12년 차까지 차감되는 수수료 비율이 높기 때문인 점도 있고, 세액공제형 개인연금의 경우 해지 시 위에서 설명한 바와 같이 10%대의 기타소득세가 과세되기 때문이기도 하다. 따라서 처음에 세액공제형 개인연금을 가입할 시 해당되는 다양한 상품정보와 투자 운용 수단을 충분히 고려하여 선택한 뒤 가입하는 것이 현명하다.

그렇다면 이미 본인의 성향과 맞지 않는 세액공제형 개인연금상품을 가입해서 유지하고 있는 사람은 억울해도 잘못된 선택을 한 자신을 탓하고 묵묵히 유지를 해야만 하는 것일까? 아니면 지금도 늦지 않았다는 심정으로 눈물을 머금고 과감히 상품을 해지해야 할까? 다행히도 두 가지 모두 답은 아니고, 본인이 원하는 세액공제형 개인연금 상품으로 전환할 수 있는 방법이 있다. 바로 연금저축이전제도를 활용하는 것이다.

연금저축이전제도란 가입자가 기존에 유지하던 세액공제형 개인연금에 적립되어 있는 자산을 타 금융사의 연금저축계좌로 이전할 수 있도록 하는 제도를 뜻한다. 일반적으로 보험사의 공시이율로 운용되는 세액공제형 연금저축보험이 장기적으로 수익률이 낮을 것이라는 단점을 극복하기 위해 증권사의 연금저축계좌로 이전하여 연금저축펀드로 연금 자산을 운용하고자 할 때 가장 많이 활용되고 있다. 이 제도를 통해 보험사에서 증권사로 자산을 이진함으로써 사업비를 절감함과 동시에 고객 임의대로 투자방식을 유연하게 변경할 수 있기 때문에 유용한 제도임이 틀림없다.

그러나 반드시 유의해야 할 사항이 있는데 첫 번째는 이전 절차가 복잡하기 때문에 어느 정도 불편을 감수해야 한다는 것이다. 연금저축 이전 신청을 하기 위해 먼저 이전할 개인연금 자산을 담을 연금저축계좌를 개설해야 하며 반드시 개인연금을 이전하기 위해 계좌를 개설한다는 것을 창구직원에게 알려야 한다. 그리고 연금저축계좌 개설 완료 후 수령한 개좌확인서를 가지고 기존에 가입되어 있던 연금상품을 취급하는 금융사에 방문해서 현재 유지중인 연금 자산을 새로 개설한 연금저축계좌로 이전하겠다는 신청을 하면 된다. 마지막으로 연금자산이 정상적으로 이전이 되면 그때 가입자가 원하는 연금저축펀드를 매수 신청하면 모든 절차가 완료된다. 결국 이 제도를 활용하기 위해 2개의 금융사를 방문해야 하고, 연금저축계좌 개설 및 연금 자산 이전 시 제법 시간이 소요되기 때문에 대략 2~4시간 정도의 여유를 두고 진행할 것을 권장한다.

### 연금저축이전제도 활용 절차

**기존 개인 연금을 가입한 금융사**　　　　**개인 연금 자산 이전할 금융사**

1. 개인연금 이전용(수관용) 연금저축계좌 개설하기
2. 연금저축 계좌개설확인서 수령하기
3. 계좌개설확인서 제출 후 연금저축이전 신청하기
4.. 개인연금 이전 뒤 연금저축상품 가입하기

※금융사나 시기 별 제도에 따라 차이가 있을 수 있으니 반드시 실행 전에 양측 금융사에 문의하기 바람.

　　두 번째 유의사항은 이전되는 자산이 기존에 납입한 총 금액이 아닌 해지환급금 기준의 금액이라는 점이다. 따라서 연금이전을 신청하기 전에 해지환급률이 어느 정도가 되는지를 고객센터를 통해 문의해서 확인해야 한다. 여기서 한가지 참고할 점은 단순 해지를 하는 경우와는 다르게 연금저축이전을 할 경우 기타소득세가 과세되지 않는다는 특징이 있으니 참고하길 바란다.

### 운용 수단에 따른 개인연금 활용 권장사항

'Step3) 재무현황 분석 및 평가하기' 단계에서 금리연동형 개인연금과 실적연동형의 개인연금의 장단점 및 특징에 대해 알아보았다. 금리연동형은 보험사에서 제시하는 금리인 공시이율을 통해 이자 수익으로 안정적인 자산 운용을 하지만 차감되는 사업비에 비해 이율이 낮고 그 이율마저 매월 변동됨과 동시에 하락하는 추세이기 때문에 물가상승 위험을 극복하지 못한다는 단점이 있었다. 반대로 실적연동형은 투자를 통해 물가상승 위험을 극복할 가능성이 있지만 잘못된 투자로 인해 원금손실이 발생할 수도 있다는 단점을 가지고 있었다. 그렇다면 이 또한 각자 장단점이 나누어 지는데 과연 어떤 것을 활용해야 현명한 것일까? 이 또한 여러분 각자의 성향에 따라 가입하는 것이 정답이라고 할 수 있겠지만 세계 증시나 경제 구조의 변화를 나타내는 과거 자료를 참고해 보았을 때 가능한 실적연동형을 활용할 것을 권장한다. 그 이유는 실적연동형의 장점에 있다. 금리연동형이 표면상으로 원금손실이 발생하지 않을 수도 있지만 보험사가 제시하는 금리가 물가상승률 미만이라는 것은 사실상 원금손해와 다를 바가 없다. 그 와중에 금리연동형 개인연금의 수수료까지 감안해보면 사실상 원금 손실의 위험을 벗어날 수는 없을 가능성이 크다. 따라서 가능한 실적연동형 개인연금을 활용할 것을 권장하되 투자 손실이 걱정된다면 채권형 투자를 최대한 활용할 것을 권장한다. 그리고 위에서 잠깐 언급한 바 있었던 납입원금보장기능이 있는 변액연금보험의 경우 사업비가 금리연동형 개인연금의 사업비보다 더 높기 때문에 너무 안정적으로만 투자할 경우 평균적인 투자수익이 사업비율을 극복하지 못할 수 있기 때문에 이 부분 또한 반드시 참고해야 할 사항이다.

만약에 실적연동형 개인연금과 같이 주식이나 채권, 펀드와 같은 투자를 통해 운용되는 개인연금에 가입하고 싶지 않은 사람들 같은 경우에는 금리연동형 개인연금 밖에 선택사항이 달리 없을 것이다. 그렇다면 금리연동형 개인연금을 어떻게 효율적으로 활용해야 할까? 매월 발생하는 금리변동은 가입자들의 힘으로 바꿀 수 없는 부분이기 때문에 각 상품의 추가납입기능을 이용해 수수료를 낮추는 방안을 활용해야 한다.

그리고 2000년대 초반이나 그 이전에 판매되던 금리연동형 개인연금 상품 중에서 확정금리형 상품이 있었다. 여러분이 현재 어떤 개인연금을 가지고 있는지 분석해보는 과정에서 확정금리형 개인연금을 유지하고 있다면 무슨 일이 있어도 해당 상품을 해지하지 않기를 바란다. 물론 해당 상품의 약관을 자세히 읽어보아야 하겠지만 예전에 금리가 높았던 시절에 가입이 되었을 것이기 때문에 8% 전후의 고정금리로 가입되어 있을 가능성이 높기 때문이다.

### 케이스 별 연금성 자산 구성하기

연금성 자산, 즉 은퇴자산을 준비하는 절차는 아래와 같다.

> 1. 원하는 개인/부부 은퇴 월 생활비 결정하기
> 2. 현재 준비된 은퇴 자산을 통해 발생할 수 있는 월 소득과 발생 시기 확인하기
> 3. 추가적으로 필요한 은퇴자금 준비 전략 세우기.

연금성 자산을 준비하기 위해서 가장 먼저 고려해야 할 점은 'Step1) 재무목표 세우기'에서 수행했던 것과 같이, 먼저 개인이나 부부가 은퇴 후 얼마의 월 생활비가 필요한 지에 대해 계획하는 것이다.

그리고 현재 공적연금이나 이미 가입되어 있는 개인연금 또는 퇴직연금을 확인하여 해당 자산들을 활용하여 언제부터 얼만큼의 월 소득이 발생할 수 있을지를 확인해야 한다.

그리고 기존 은퇴자산들 만으로 본인의 은퇴생활에 대한 니즈를 충족시킬 수 없을 것으로 판단된다면 추가적으로 은퇴설계 전략을 세우면 된다.

몇 가지 케이스로 나누어 예를 들어보자.

개인:

- 은퇴목표시기: 60세 (현재 나이 30세)

- 목표 월 은퇴소득: 200만원

- 기존 은퇴자산: 국민연금(월100만원 예상), 퇴직연금(총 1억 원 예상)

- 고려할 점:

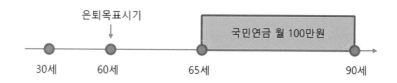

1. 60세에서 65세 사이 소득 공백기가 발생.

2. 65세부터 은퇴목표 대비 매월 100만원의 소득이 부족함.

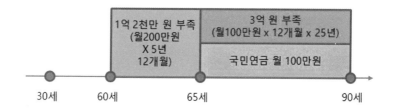

3. 60세부터 65세 사이의 소득 공백기 시기에 약 1억 2천만 원이 필요함.

4. 65세 이후 국민연금을 제외하고 100만원 이상의 추가 소득이 발생하기 위해 약 3억 원 이상의 은퇴자산이 필요함.

• 솔루션:

1) 퇴직연금 활용하기

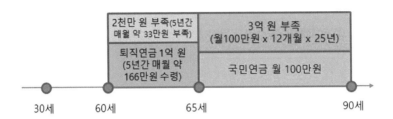

1. 퇴직연금을 소득공백기 사이에 5년 간 압축하여 수령하기.

2. 준비해야 할 개인연금 자산은 최소 2천만 원(60세~65세), 3억 원(65세~)이므로, 총 3억 2천만 원 이상을 준비해야 함. (현금가치는 고려하지 않음)

2) 개인연금 활용하기

기존의 은퇴자산을 활용할 시 안정적인 은퇴생활을 위해 총 3억 2천만 원 이상의 자금을 추가로 준비하여야 하며, 활용할 수 있는 개인연금을 아래의 기준을 참고하여 선택한다.

－ 종신형 수령 여부

－ 세액공제 기능 활용 여부

－ 투자운용 방식 선택 ( 금리연동형, 실적연동형 )

위의 전제조건을 고려하였을 때 생존하는 동안 국민연금과 함께 평생 월 100만원 이상의 소득이 매일 발생해야 하기 때문에 종신형 개인연금이 필요할 것으로 판단되며, 이 사람이 현재 매년 연말정산 시 불이익을 당하는 상황(연말정산 후 세금을 추가 징수해야 하는 상황)이라면 세액공재형 개인연금도 함께 필요할 것이다. 그리고 노후를 위한 자금을 마련하는 것이기 때문에 장기로 운용하게 될 것이므로 실적연동형 개인연금을 활용하는 것이 좋다. 그렇다면 결론적으로 실적연동형 기능과 세액공제 기능이 함께 포함된 연금저축펀드와 실적연동형 기능과 종신수령형 기능이 함께 포함된 변액연금보험으로 총 2개의 개인연금을 활용해야 한다는 것으로 결론이 압축되었다. 매월 현금흐름 상 그다지 여유가 없을 경우 두 가지 개인연금을 함께 활용한다는 것은 현실상 불가능할 것이다. 따라서 연금저축펀드를 먼저 가입한 뒤 차후 월 소득이 증가할 때 변액연금보험을 가입할 것을 권장한다.

총 3억 2천만 원 이상의 연금자산을 30년간(30세~60세) 준비하려면 단순 산술방식으로 계산해도 매월 약 88만원(3억 2천만 원 ÷ 30년 ÷ 12개월)을 저축해야 하는데 현실적으로 불가능할 것이다. 그렇기 때문에 매월 월 소득의 10% 내지 15% 내외로 준비하되, 월 소득이 증가할 때마다 이 비율만큼 매월 개인연금 저축금액을 증액시킬 것을 권장한다. 매월 소득의 10%를 개인연금에 납입하는 것도 부담스럽다고 할 수 있겠지만 이 정도는 반드시 납입해야 한다. 차후 자신의 노후 생활이 불행하게 될 것에 비해서는 차라리 지금 조금 덜 쓰는 고통을 감수하는 것이 더욱 현명하기 때문이다.

부부:

- 부부 현재나이: 남(35세), 여(30세)

- 은퇴목표시기: 남(60세), 여(50세)

- 목표 월 은퇴소득: 300만원

- 기존 은퇴자산: 남 (국민연금 월100만원 예상), 퇴직연금(1억 예상)

                   여 (국민연금 월80만원 예상), 퇴직연금(7천만 원 예상)

- 고려할 점:

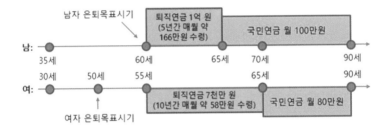

1. 여자의 경우 50세에 은퇴하더라도 퇴직연금 제도 상 퇴직연금 활용이 어렵기 때문에 만 55세가 되는 시점까지 기다려야 함. (가능한 국민연금 수령 직전까지 부부 각자의 퇴직연금을 모두 수령할 것을 가정)

2. 부부 각자의 퇴직연금과 국민연금 수령 시점에 차이가 있으며, 각 기간별 총 수령액도 차이가 있음.

3. 위의 예에서 부부 중에서 총 소득기간이 가장 긴 사람은 남자이기 때문에 남자 나이를 기준으로 은퇴계획을 설계하는 것이 좋으며, 남자의 은퇴시기가 곧 부부의 은퇴시기라고 볼 수 있음. 기존에 준비되어 있는 은퇴자산을 활용할 경우 남자 나이를 기준으로 60세에서 65세까지 월 224만원, 65세에서 70세까지 월 158만원, 70세 이후부터는 월 180만원씩 수령 가능함.

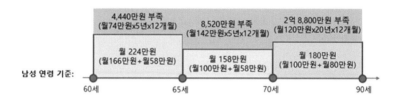

4. 부족한 은퇴자산 금액은 4,440만원(60세~65세), 8,520만원(65세~70세), 2억 8,800만원(70세~)로 총 4억 1,760만원임.

• 솔루션:

연금자산 부족분을 개인연금으로 활용하는 방안은 개인의 연금자산을 준비할 때 케이스와 동일하지만, 연금저축 펀드의 납입금액을 설정할 때 부부 각자의 직전연도 원천징수영수증의 결정세액 항목을 참고하여 세액공제를 받을 수 있는 범위를 확인한 뒤 부부 각자 월 납입해야 할 금액을 결정한다.

예) 부부가 매월 연금저축펀드를 납입할 계획이며, 남자가 추가적으로 세액공제를 받을 수 있는 금액이 연40만원이고 여자가 30만원일 경우:

40만원 ÷ 13.2% = 303만원 ─〉303만원 ÷ 12개월 = 약 26만원

30만원 ÷ 13.2% = 227만원 ─〉303만원 ÷ 12개월 = 약 19만원

결론적으로 남자는 매월 26만원까지 납입하는 금액만큼 세액공제가 가능하며, 여자는 매월 19만원까지 납입하는 금액만큼 세액공제가 가능하다.

그리고 추가적으로 납입할 개인연금 금액은 변액연금보험을 활용하여 적립한다.


## 저축성 자산 구성하기

지금까지 매월 납입할 보장성 보험료와 개인연금 납입액이 설정되었다. 그렇다면 월 소득에서 위의 두 가지 납입액을 제외한 나머지 금액 안에서 저축과 생활비 지출을 해결해야 할 것이다. 목돈을 최대한 빨리 모으기 위해서는 당연히 매월 저축할 금액을 먼저 설정하고 남은 자금을 생활비로 활용해야 한다.

재무목표의 시기에 따라 적합한 상품별로 정리를 해보자.


**단기 재무목표를 위한 저축투자 전략**

• 목돈 마련을 위한 단기저축상품

– 정기적금

3년 미만의 짧은 기간 동안 목돈을 만들기 위해 월 정기저축을 할 때는 단순히 은행의 정기적금을 활용할 것을 권장한다. 제 1금융권

은행에서 취급하는 정기적금 상품은 안정성이 매우 높으며, 금융사에 경영 상 문제가 발생하더라도 예금자보호법으로 원금과 소정의 이자를 포함해 인당 5,000만원까지 보호된다. 다만 정기적금은 만기가 정해져 있는 금융상품이기 때문에 자금을 활용해야 할 시기나 재무목표시기가 예상보다 앞당겨질 경우 이자에 대한 손실을 감안하고 해지해야 한다는 단점이 있다. 금리는 은행이나 상품 별로 차이가 있지만 대체적으로 낮은 편이다.

– 채권형 펀드

정기적금보다 조금 더 수익을 얻고 싶다면 채권형 펀드도 활용해 볼 수 있다. 다만 채권형 펀드는 예금자보호법으로 보장이 되질 않기 때문에 원금손실의 위험성을 인지하고 있어야 하며, 가능한 단기 저축을 위해서라면 국공채와 같은 신용도가 높은 채권에 투자하는 채권형 펀드를 활용할 것을 권장한다. 그렇다면 채권형 펀드가 손해를 볼 가능성은 채권형 펀드의 투자처가 되는 채권가격이 하락할 때 발생할 텐데, 채권의 가격하락은 언제 발생하는 것일까?

채권 금리 ↓  ⇒  채권 가격 ↑

채권 금리 ↑  ⇒  채권 가격 ↓

일반적으로 채권 금리가 하락하면 채권가격은 상승하고, 반대로 금리가 상승할 경우 채권가격은 하락한다. 그렇다면 신문이나 뉴스를 통해 종종 기준금리가 상승이나 하락 및 동결을 한다는 소식을 간간히 접하게 되는데 이 또한 다양한 채권들의 금리와 관련이 있기 때문에 다양한 출처를 통해 추후 금리의 동향에 대한 정보들을 분석해 보고 앞으로 채권 투자를 어떻게 진행해야 할 지를 고려해야 할 것이다.

• 목돈 운용을 위한 단기저축상품

3년 미만 동안 목돈을 운용하기 위해 활용할 수 있는 저축 및 투자상품은 다음과 같다.

– 정기예금

정기적금과 같이 예금자보호법이 적용되므로 안전하고 목돈을 운용할 있지만 이자 수익률이 낮다는 단점이 있다.

– 채권형 펀드

목돈 마련을 위해 채권형펀드에 매월 일정금액을 적립할 수도 있지만 목돈을 투자하기 위해 채권형펀드를 활용할 수 있으며, 적립식이 아닌 거치식 투자인 만큼 적립식으로 투자할 때 보다 수익성이 높은 대신에 위험성 또한 높아진다는 점을 인지해야 한다.

– 파생금융상품(ELS/DLS/ELB/DLB)

Step3)에서 설명한 바와 같이, 1~3년 사이의 목돈 운용을 위해 ELS, DLS, ELB, DLB와 같은 파생금융상품을 활용할 수 있다. 기초자산과 각 상품별 조건에 따라 위험성이 다르기 때문에 투자 결정 시 위험성을 충분히 인지하고 나서 투자해야 하며, 가능한 원금보장기능이 있는 ELB와 DLB를 활용할 것을 권장한다.

• 정기적금과 정기예금의 차이

정기예금은 목돈을 운용하는 방식 중의 하나이다. 예를 들어 현재 100만원을 1년간 운용하고 이자수익을 얻고 싶을 때 1년 만기 정기예금을 가입하면 100만원에 해당하는 이자와 원금(100만원)이 만기 시 가입자에게 지급되는 것이다.

정기적금은 목돈을 만들기 위한 방식 중의 하나이다. 예를 들어 1년 뒤 목돈 100만원을 모으기 위해 12개월 간 매월 약 8만원씩 적립을 해나가기 위해 가입하는 상품이 바로 1년 만기 정기적금이다.

은행에서 공시하는 정기예금과 정기적금의 금리는 차이가 있다. 일반적으로 정기예금보다 정기적금의 이자가 더 높은 편이지만, 만기 시 지급되는 이자금액은 같은 원금 대비 정기예금이 훨씬 많다. 그 이유는 아래와 같다.

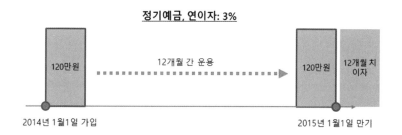

[정기예금의 원리]

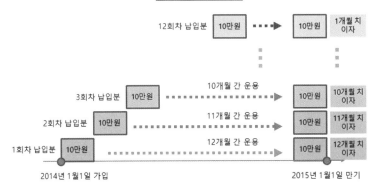

[정기예금의 원리]

위의 그림에서 설명하는 바와 같이, 정기예금은 상품가입 시 첫 달부터 총 금액이 바로 입금되어 12개월 간 운용이 된 뒤 총 금액의 12개월 치 이자가 지급이 된다. 그러나 정기적금의 경우 매월 일정 금액씩 저축이 되기 때문에 첫 달 납입된 금액의 12개월 치 이자 + 두 번째 달 납입된 금액의 11개월 치 이자 + 세 번째 달 납입된 금액의 10개월 치 이자 + ??? + 마지막 12 번째 달 납입된 금액의 1개월 치 이자까지 모두 합하게 되면 결국 처음부터 목돈을 입금하여 1년 간 같은 금리로 운용되는 정기예금보다 이자가 절반 수준으로 지급이 된다. 따라서 지급받을 이자가 원금 대비 얼만큼인지를 수익률로 표현해보았을 때 정기적금 수익률보다 정기예금 수익률이 훨씬 높다고 할 수 있다.

**중장기 재무목표를 위한 저축전략**

거치식 투자와 적립식투자의 구조

투자 매수방식에 따라 크게 거치식 투자와 적립식 투자로 나누어
볼 수 있다.

- 거치식 투자

거치식 투자란 한 시점에 목돈을 한번에 투자하는 것을 말한다.
예를 들어, 현재 여러분에게 600원이 있고 사과를 활용하여 총 6개
월 간 투자를 할 계획이라고 가정해보자.

아래의 그림은 가지고 있는 돈 600원을 1월 달에 한꺼번에 모두
거치식 투자했을 때의 상황을 보여준다.

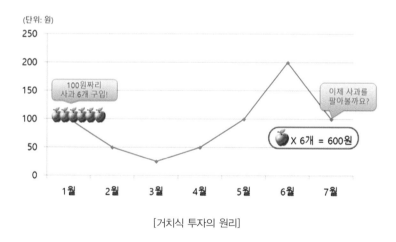

[거치식 투자의 원리]

1월 달에 책정된 사과가격은 개당 100원이므로 지금 가지고 있는
600원을 이용해 총 6개를 구매할 수 있다. 7월에 목돈을 써야 하기

때문에 7월 전까지 사과를 되팔아서 수익을 보는 것이 여러분의 목표가 될 것이다. 그렇다면 이 후 사과 가격이 올라야 수익이 날 것인데, 아쉽게도 사과를 산 뒤로 3월까지는 사과 가격이 계속 떨어지고 있다. 그 이후에 5월이 되어서야 사과가격이 처음 살 시점과 똑같이 개당 100원이 되었기 때문에 사과를 산 뒤로 5월이 되기 전에 사과를 팔았다면 분명히 처음에 투자한 600원을 모두 회수하지 못할 것이다. 그러나 6월 달이 되니 사과가격이 다행히 샀을 때보다 개당 200원이 되어 2배의 수익을 올릴 수 있게 되었다. 그러나 여기서 사과를 팔기란 생각보다 쉽지 않다. 그 이유는 사람의 투자 심리와 깊은 연관이 있는데 긴 시간 동안 손해를 보고 마침내 수익 발생 시점에 도달하게 되면 좀 더 기다려서 수익을 더 보고자 하는 욕심에 빠져들게 되기 때문이다. 사과 가격이 계속 떨어지는 기간 동안은 한없이 떨어질 것 같아서 두렵지만 반대로 가격이 오르는 동안에는 지금 보다 가격이 더 오를 것 같다는 기대심리에 사로잡혀버리기 마련이다. 일반적으로 투자에 실패하는 대부분의 이유가 여기에 있다. 하지만 안타깝게도 투자의 세계는 동화 속 세상과는 다르다. 사과 가격이 200원이 된 것이 얼마 지나지도 않아 다음 달인 7월에 바로 사과 가격이 반 토막이 되어 버렸다. 결국 1월 달에 사과를 샀을 때의 가격과 똑같아진 것이다. 또다시 가격이 반등하게 될 때까지 기다리고 싶지만 아쉽게도 7월에 예정대로 목돈을 써야 할 일이 있었기 때문에 가지고 있는 사과를 모두 팔아야만 한다. 그래서 결국 600원에 사과

6개를 사서 6개월이 지나고도 모든 사과를 팔아서 600원 밖에 받지 못했다. 결론적으로 수익률 0%를 달성한 것이다.

어쩌면 이 정도만 해도 다행인 것일 수도 있다. 만약 사과 가격이 처음에 샀을 때의 가격보다 더 떨어졌다면 7월에 사과를 팔 때 600원도 안 되는 금액 밖에 회수하지 못했을 것이다.

결국 거치식 투자의 성공 비결은 가격이 저렴할 때 사서 비싸졌을 때 파는 것인데, 이를 다른 말로 저가매수 고가매도라고 표현한다. 그러나 이렇게 가격이 저렴할 때와 비쌀 때의 타이밍을 항상 잘 잡아내는 것은 우리가 미래를 예측해내는 능력이 없는 이상 불가능 할 것이다. 실제로 수많은 투자자들이 이러한 가격의 흐름을 읽기 위해 금리, 환율, 유가, 정치, 경제 등 다양한 요소들을 분석하고 공부한다. 그렇게 해도 타이밍을 맞힐 수 있는 확률이 동전 던지기에서 앞 뒷면을 맞추는 확률 만도 못하다고 하니, 타이밍을 노리는 투자는 일찌감치 포기해두는 것이 좋을 것이다.

그러나 최소 3년에서 7년 이상의 투자기간이 확보되었다면 앞으로 성장가능성이 높은 국가들이나 업종에 투자되는 펀드를 활용하여 거치식 투자를 하는 방법은 충분히 고려해볼 수 있다. 그러나 이 또한 장기적으로 무조건 수익이 발생할 것이라는 보장은 없기 때문에 스스로의 투자 가능 금액이나 투자 성향을 충분히 고려하여 투자에 임할 것을 권장한다.

– 적립식투자

거치식 투자의 비현실성과 위험성을 보완하기 위해 고안된 방식이 적립식 투자이다. 적립식 투자란 정기적금과 같이 매월이나 매일 등 일정한 시간 간격으로 일정한 금액을 투자하는 방식을 말한다.

위에서와 같이, 현재 여러분에게 600원이 있고 사과를 활용하여 총 6개월 간 투자를 할 계획이라고 가정해보자.

아래의 그림은 가지고 있는 돈 600원을 한꺼번에 투자하지 않고, 100원씩 1월부터 6월까지 한 달에 100원씩 달에 정기적으로 적립식 투자를 했을 때의 상황을 보여준다.

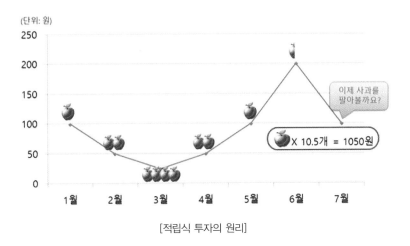

[적립식 투자의 원리]

① 1월에는 사과가격이 개당 100원이며 매월 100원씩 투자를 할 예정이었기 때문에 사과 1개를 살 수 있을 것이다.

② 2월에는 사과가격이 폭락하여 개당 50원이 되었으며 이 달에 투

자할 수 있는 100원으로 사과 2개를 살 수 있다.

③ 3월에도 사과가격은 반 토막이 되어 개당 25원이 되었고, 100원으로 4개의 사과를 살 수 있다.

④ 4월에는 2월과 마찬가지로 사과가격이 개당 50원이 되어 2개를 살 수 있다.

⑤ 5월에는 개당 100원이 되어 사과 한 개를 살 수 있다.

⑥ 6월이 되어 남은 투자 금액은 단 돈 100원인데 사과가격은 폭등하여 개당 200원이 되었다. 따라서 이 달에는 사과를 반 개밖에 사지 못했다.

⑦ 이제 7월이 되었고 목돈을 쓸 곳이 있으니 지금까지 사들였던 사과들을 모두 되팔아야 한다. 7월 현재 사과 가격은 개당 100원 이고 여러분이 가지고 있는 사과는 총 10개 하고도 반 개가 더 있다. 따라서 사과를 모두 팔고 나니 총 1050원(사과 10.5개 x 100원)을 얻을 수 있었다. 6개월간 투자한 돈은 총 600원인데 나중에 사과를 판 돈은 1050원 이니, 450원의 수익을 거둔 셈이다.

여기서 우리가 알 수 있는 사실이 있다. 위의 그림을 다시 보면 처음에 샀을 때 사과가격과 나중에 되팔 때 사과가격은 각 100원으로 전혀 차이가 없었지만 중간에 사과 가격이 변동하는 과정에서 수익이 발생한 것이다. 따라서 적립식 투자는 무조건 저가에 사서 고가에 팔아야 한다는 거치식 투자 때의 원칙이 적용되지 않는다. 오히려 투자하는 과정에서 투자처 가격의 변동성이 얼만큼 발생했는지가 투자

수익의 요소로 작용하게 된다.

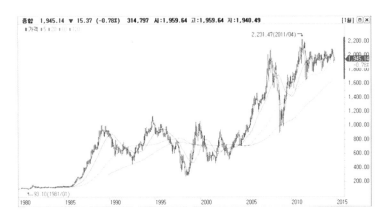

[1980년도 이후의 우리나라 종합주가지수 변동 추이]

위의 그래프는 우리나라의 35년간 코스피 지수의 변화를 보여준다. 1980년도 때에 비해 현재 코스피 지수는 대략 20배 정도 상승을 하였다. 그러나 앞으로도 코스피 지수가 상승세를 유지해나갈 것인지는 아무도 모른다. 그러나 여기서 중요한 사실은 분명히 변동성이 존재한다는 것이다. 따라서 코스피가 큰 폭으로 폭락을 한 뒤 L자형으로 지수 그래프를 그려나가지 않는 이상 적립식 투자를 통해 충분히 수익을 볼 수 있을 것이다. 다만 앞서서 설명했듯이 실제로 코스피 지수가 L자형으로 그래프로 움직이게 될 경우 적립식 펀드도 수익을 볼 수 없는 상황이 충분히 발생할 수 있다. 그러나 이러한 부분이 두려워 투자가 꺼려진다면 애초에 투자성향이 아닐 가능성이 높을 것이다.

위에서 설명한 바와 같이 적립식 투자는 투자처의 가격 변동성에 따라 수익이 결정되기 때문에 중장기 기간 동안 다양한 펀드를 활용하여 적립식 펀드 투자를 수행할 수 있다. 물론 펀드 투자처의 선택 동안 향후 펀드 투자의 성공을 결정 짓는 중요한 요소이기 때문에 투자에 관한 다양한 정보를 통해 보다 신중한 투자를 할 것을 권장한다.

### 중장기 저축 투자 시 고려할 점

중장기 저축 또는 투자를 시작할 때 사람들이 하는 가장 큰 실수는 바로 저축금액을 설정하는 것에서 비롯된다. 사람이 살다 보면 예상치 못한 목돈 들어갈 일이 발생하기 마련이다. 그런데 재무목표의 시기가 길어질수록 그 사이에 이런 일들이 발생할 가능성이 더욱 높아진다. 이 말은 즉 재무목표가 길어질수록 저축계획이 도중에 무너질 가능성이 높아진다는 뜻이다. 따라서 이러한 가능성을 충분히 염두하고 저축금액을 처음부터 너무 높게 설정하지 않아야 하며 위험성을 분산하기 위해 분산투자를 함으로써 중간에 실제 자금을 인출하는 상황이 발생하더라도 손실을 최소화 시킬 수 있어야 할 것이다.

### 최종 현금흐름표 정리

지금까지 보장성 보험 자산이나 개인연금 자산을 효율적으로 구성함으로써 안정적인 인생을 살기 위한 기반을 다지는 작업을 하였고, 우리의 재무목표를 달성하기 위해 저축성 자산을 구성하는 방식에 대해 알아보았다. 이를 통해 매월 고정적으로 지출될 보험료나 월 저축금액(개인연금·적립식 펀드·정기적금)을 정하였으며, 월 소득 금액에서 이 금액들을 차감하면 한달 간 생활비나 교통?통신비, 용돈 등 월 변동지출을 위한 총 금액이 결정될 것이다. 이 금액의 범위 내에서 생활유지를 피해 지출될 항목들을 정리하여 월 생활자금 예산을 아래와 같이 정리할 것을 권장한다.

아래의 예는 매월 근로소득과 부동산임대소득이 총 소득 640만원 인 맞벌이 부부의 현금흐름을 가정하였다.

| 유 입 | |
|---|---|
| 항 목 | 금 액 |
| **Ⅰ. 사업 / 근로소득** | |
| 본인   근로소득 | 320 만원 |
| 배우자 근로소득 | 270 만원 |
| 소   계 | 590 만원 |
| **Ⅱ. 투자 소득** | |
| 이자 및 배당소득 | |
| 부동산임대소득 | 50 만원 |
| 연금소득 | |
| 소   계 | 50 만원 |
| **유 입 합 계** | **640 만원** |

[현금흐름표 · 소득 항목]

그리고 월 정기적금이나 채권형 펀드로 매월 150만원씩 저축할 것을 예상하고 있고, 주식형 펀드로 매월 40만원씩 저축할 것이며, 개인연금에 매월 70만원씩 납입할 것을 계획하고 있다. 고정지출로는 매월 대출이자를 20만원씩 납입할 것이고, 보장성 보험료에 매월 40만원씩 지출된다는 상황으로 가정하였다.

## 재무 현황표

### ■ 채권형 자산

(단위:만원, 날짜:YY.MM.DD)

| 소 유 자 | 금융기관 | 상 품 | 가입일 | 만기일 | 월납입 | 평가액 | 비 고 |
|---|---|---|---|---|---|---|---|
| 홍길동 | A은행 | 제1금융권 정기적금 | … | … | 50 | … | … |
| 홍길동 | B증권 | 한국국공채 채권펀드 | … | … | 100 | … | … |
| | | | | 합계: | 150 | | |

### ■ 주식형 자산

(단위:만원, 날짜:YY.MM.DD)

| 소 유 자 | 금융기관 | 상 품 | 가입일 | 만기일 | 월납입 | 평가액 | 비 고 |
|---|---|---|---|---|---|---|---|
| 홍길동 | B증권 | 코스피200 인덱스펀드 | … | … | 40 | … | … |
| | | | | 합계: | 40 | | |

### ■ 연금성 자산

(단위:만원, 날짜:YY.MM.DD)

| 소 유 자 | 금융기관 | 상 품 | 가입일 | 만기일 | 월납입 | 평가액 | 비 고 |
|---|---|---|---|---|---|---|---|
| 홍길동 | C보험사 | C생명 변액연금보험 | … | … | 35 | … | … |
| 홍길동 | B증권 | 연금저축펀드 | … | … | 35 | … | … |
| | | | | 합계: | 70 | | |

### ■ 보장성 자산

(단위:만원, 날짜:YY.MM.DD)

| 피보험자 | 금융기관 | 상 품 | 가입일 | 납입만기 | 월납입 | 보장만기 | 비 고 |
|---|---|---|---|---|---|---|---|
| 홍길동 | C보험사 | 본인 질병상해보험 | … | … | 12 | … | … |
| 배우자 | C보험사 | 배우자질병상해보험 | … | … | 10 | … | … |
| 홍길동 | C보험사 | 본인 사망보험 | … | … | 11 | … | … |
| 배우자 | C보험사 | 배우자 사망보험 | … | … | 7 | … | … |
| | | | | 합계: | 40 | | |

### ■ 부채 현황

(단위:만원, 날짜:YY.MM.DD)

| 소 유 자 | 금융기관 | 내 용 | 대출일 | 만기일 | 월상환금 | 대출잔액 | 비 고 |
|---|---|---|---|---|---|---|---|
| 홍길동 | A은행 | 전세자금대출 월이자납입금 | … | … | 20 | … | … |
| | | | | 합계: | 20 | | |

월 소득액에서 월 저축금액과 보험료와 부채상환금 등을 차감하면 아래와 같이 매월 320만원의 변동 지출로 활용 가능한 자금이 도출된다. 그리고 아래와 같이 이 범위 내에서 나머지 지출계획을 세울 수 있다.

## 월 현금흐름표

| 유 입 | | 유 출 | |
|---|---|---|---|
| 항 목 | 금 액 | 항 목 | 금 액 |
| **I . 사업 / 근로소득** | | **I . 저축과 투자** | |
| 본인 근로소득 | 320 만원 | 유동성 투자 | |
| 배우자 근로소득 | 270 만원 | 채권형 투자 | 150 만원 |
| | | 주식형 투자 | 40 만원 |
| | | 연금성 투자 | 70 만원 |
| 소 계 | 590 만원 | 소 계 | 260 만원 |
| **II . 투자 소득** | | **II . 고정 지출** | |
| 이자 및 배당소득 | | 부채 상환금 | 20 만원 |
| 부동산임대소득 | 50 만원 | 보장성 보험료 | 40 만원 |
| 연금소득 | | 임차료(월세) | |
| | | 기부금/십일조 | |
| | | 부모님 지원금 | |
| | | 기타지출(동창회비) | |
| 소 계 | 50 만원 | 소 계 | 60 만원 |
| **III . 기타 소득** | | **III . 변동 지출** | |
| 일시 재산 소득 | 0 만원 | 생활비 | |
| 상속 및 증여 소득 | 0 만원 | 주거 관리비 | |
| 기타 소득 | 0 만원 | 차량 주유비/교통비 | |
| | | 통신비 | |
| | | 용돈 | |
| | | 문화지출비 | |
| | | 육아/교육비 | |
| | | 기타 변동지출 | |
| | | 소 계 | 0 만원 |
| | | **IV . 미파악 지출** | |
| 소 계 | 0 만원 | 소 계 | 320 만원 |
| **유 입 합 계** | **640 만원** | **유 출 합 계** | **0 만원** |

　　여유자금 320만원에서 추가적인 고정지출과 변동지출을 작성할 수 있으며, 고정지출의 구체적인 항목에는 임차료, 기부금, 부모님 지원금, 기타 회비 등이 있을 것이며, 변동 지출의 구체적인 항목으로는 생활, 주거관리비, 차량 주유비/교통비, 통신비, 용돈, 문화지출

비, 육아/교육비, 기타 변동지출 등이 있을 것이다. 해당 항목들은 별도로 정해진 것이 아니니 작성자가 본인에게 해당하는 항목들을 추가적으로 적용할 수 있다. 우선 아래와 같이 매월 지출이 발생할 것이라는 예를 들어보도록 하자.

| 유 출 | |
|---|---|
| 항 목 | 금 액 |
| **II. 고정 지출** | |
| 부채 상환금 | |
| 보장성 보험료 | |
| 임차료(월세) | |
| 기부금/십일조 | 10 만원 |
| 부모님 지원금 | 20 만원 |
| 기타지출(동창회비) | 10 만원 |
| 소 계 | 40 만원 |
| **III. 변동 지출** | |
| 생활비 | 120 만원 |
| 주거 관리비 | 25 만원 |
| 차량 주유비/교통비 | 30 만원 |
| 통신비 | 15 만원 |
| 용돈 | 40 만원 |
| 문화지출비 | 10 만원 |
| 육아/교육비 | 20 만원 |
| 기타 변동지출 | |
| 소 계 | 260 만원 |

[현금흐름표 · 부채 상환금과 보장성 보험료를 제외한 지출항목]

위와 같이 생활비나 주거 관리비 교통비 등으로 월 변동지출금액을 항목별로 작성하였고 이 내용을 아래와 같이 전체 현금흐름표에 반영하니 아직도 월 20만원의 여유금액이 발생했다. 따라서 매월 20만원씩 추가적인 저축이 가능할 수 있을 것이며, 만약 반대로 미파악 지출

항목이 마이너스가 될 경우 변동 지출을 최대한 줄여야 할 것이고 이 것이 도저히 불가능하다면 반대로 월 저축금액을 줄여야 할 것이다.

## 월 현금흐름표

| 유 입 | | 유 출 | |
|---|---|---|---|
| 항 목 | 금 액 | 항 목 | 금 액 |
| **Ⅰ. 사업 / 근로소득** | | **Ⅰ. 저축과 투자** | |
| 본인 근로소득 | 320 만원 | 유동성 투자 | |
| 배우자 근로소득 | 270 만원 | 채권형 투자 | 150 만원 |
| | | 주식형 투자 | 40 만원 |
| | | 연금성 투자 | 70 만원 |
| 소 계 | 590 만원 | 소 계 | 260 만원 |
| **Ⅱ. 투자 소득** | | **Ⅱ. 고정 지출** | |
| 이자 및 배당소득 | | 부채 상환금 | 20 만원 |
| 부동산임대소득 | 50 만원 | 보장성 보험료 | 40 만원 |
| 연금소득 | | 임차료(월세) | |
| | | 기부금/십일조 | 10 만원 |
| | | 부모님 지원금 | 20 만원 |
| | | 기타지출(동창회비) | 10 만원 |
| 소 계 | 50 만원 | 소 계 | 100 만원 |
| **Ⅲ. 기타 소득** | | **Ⅲ. 변동 지출** | |
| 일시 재산 소득 | 0 만원 | 생활비 | 120 만원 |
| 상속 및 증여 소득 | 0 만원 | 주거 관리비 | 25 만원 |
| 기타 소득 | 0 만원 | 차량 주유비/교통비 | 30 만원 |
| | | 통신비 | 15 만원 |
| | | 용돈 | 40 만원 |
| | | 문화지출비 | 10 만원 |
| | | 육아/교육비 | 20 만원 |
| | | 기타 변동지출 | |
| | | 소 계 | 260 만원 |
| | | **Ⅳ. 미파악 지출** | |
| 소 계 | 0 만원 | 소 계 | 20 만원 |
| **유 입 합 계** | **640 만원** | **유 출 합 계** | **0 만원** |

이와 같은 절차를 통해 월 현금흐름표를 작성한 뒤 주의해야 할

점이 있다. 일반적으로 예상치 못한 이유로 인해 일상 생활의 패턴이 약간씩 바뀌면서 지출이 변동되는 경우가 있다. 이 때문에 월 현금흐름이 예상과는 다르게 변경될 가능성이 있으므로 현금흐름을 분기별로 확인해 볼 것을 권장하며, 갑작스럽게 현금흐름이 마이너스가 되거나 이를 방지하기 위해 월 저축을 깨는 경우가 발생하면 안되므로 항시 비상자금을 충분히 준비하고 있어야 할 것이다.

## 2년간 예상 재무현황 흐름표 만들기

바다나 강과 같은 넓은 물 위에서 수영을 할 때 목표지점이 뚜렷이 보이지 않을 경우 자칫 방심하는 사이에 길을 잃게 될 수 있다. 이 때문에 항상 수영 대회를 준비하는 주최측에서는 물 위에 가이드라인을 설치해 놓는다. 그리고 수영 선수들은 수영을 하다가 방향을 잡기 어려우면 이 가이드 라인을 보고 목표지점으로 나아갈 방향을 다시 잡아 나간다.

위에서 우리는 매월 일정한 현금흐름을 유지하기 함으로써 안정적인 저축을 실행해나가기 위해 월 현금흐름표를 작성하였다. 앞서 설명했듯이 아무리 월 현금흐름표를 체계적으로 작성하였다 하더라도 우리의 현금흐름은 생각치도 못한 일로 인해 언제든지 변할 수 있다. 그렇기 때문에 재무목표를 달성해나가는 과정에서 여러분이 처음에 계획하였던 예상 저축 흐름이 깨지지 않게 하기 위한 가이드라인을 미리 준비해 놓을 필요가 있다.

이번 내용에서는 여러분이 재무 목표를 달성하기 위한 가이드라인을 어떻게 구성할 것인지에 대해 설명할 것이다. 여기서의 가이드라인은 여러분의 남은 인생 동안의 모든 현금흐름을 위한 것이 아닌, 2년 안의 단기적인 현금흐름을 위한 것이다. 그 이유는 너무 현금흐름 예상기간을 중장기로 길게 설정하면 그 안에 발생할 월 소득도 예측이 불가능할뿐더러(현재 직장 환경의 변화나 이직을 할 가능성이 있기 때문) 이 예상기간이 길어질수록 예상 치 못한 큰 지출들이 발생할 가능성이 더욱 커지기 때문이다. 따라서 조금이나마 더 뚜렷하게 파악이 될 수 있는 기간 동안의 현금흐름을 기반으로 자산 변동 추이를 예상할 수 있는 가이드라인을 작성할 것이다.

## 월간 금융자산 현황

월간 금융자산 현황이란 월 현금흐름표에서 유동성 투자, 채권형 투자, 주식형 투자의 항목의 자산들이 앞으로 2년간 매월 쌓여가는 모습을 확인할 수 있게끔 해주는 가이드라인 역할을 한다.

예를 들어 앞으로 2년간 정기적금 월10만원, 채권형 펀드 월20만원, 주식형펀드 월20만원을 납입할 것이라고 계획을 세웠다. 즉, 매월 50만원의 저축할 것이라고 계획을 세운 것이다. 그리고 이 저축 계획이 2년(24개월)간 유지된다면 저축 1개월 차에는 50만원, 2개월 차에는 100만원, 그리고 마지막인 24개월 차에는 1200만원이 적립될 것이다. 이렇게 24개월 간의 매월 적립현황을 표로 정리해놓는 것이다.

　다만 더 추가해야 할 부분이 비정기적인 소득과 비정기적인 지출로 인한 금융자산의 변동이다. 예를 들어 위의 예에서 2년간 직장에서 5개월 차 때와 17개월 차에 각 100만원의 상여금이 지급될 것이라고 가정해보자. 그렇게 될 경우 2년 내에 비정기적으로 200만원의 추가 소득이 발생할 것이므로 2년 후의 저축 자금은 1200만원이 아닌 1400만원이 될 것이다.

　반대로 비정기적인 상여금만 지급받은 것이 아니라 도중인 12개월 차에 휴가비 70만원을 지출했다고 가정해보자. 이렇게 될 경우 24개월 차에 1400만원이 모인 것이 아니라 휴가비를 제외하고 1330만원이 최종적으로 모여있을 것이다.

　이를 표로 작성하였을 때 아래와 같이 표현된다.

| 날짜 | 월 정기저축 | 비정기 소득 | 비정기 지출 | 금융자산 현황 |
|---|---|---|---|---|
| 1개월 차 | 50만원 | | | 50만원 |
| 2개월 차 | 50만원 | | | 100만원 |
| … | … | … | … | … |
| 4개월 차 | 50만원 | | | 200만원 |
| 5개월 차 | 50만원 | 100만원 | | 350만원 |
| … | … | … | … | … |
| 12개월 차 | 50만원 | | 70만원 | 630만원 |
| … | … | … | … | … |
| 16개월 차 | 50만원 | | | 830만원 |
| 17개월 차 | 50만원 | 100만원 | | 980만원 |
| … | … | … | … | … |
| 24개월 차 | 50만원 | | | **1330만원** |

이 표를 참고하여 매월 저축되어 있어야 할 금융자산의 기준을 설정하고, 이 것을 초기 저축계획을 세울 당시의 초심을 지키기 위한 가이드라인으로서 활용할 것을 권장한다.

### 월간 부채자산 현황

기존에 대출자산이 있어서 이를 상환하기 위한 재무목표를 가지고 있다면 위의 자산현황표에 대출현황 항목을 추가할 수 있다. 아래와 같이 기존에 1000만원의 대출이 있었다면 저축을 하는 과정에서 저축의 일부를 대출 중도상환에 활용할 수 있기 때문에 이러한 계획을 아래와 같이 표에 반영하는 것이다.

| 날짜 | 월 정기저축 | 비정기 소득 | 비정기 지출 | 금융자산 현황 | 부채자산 현황 |
|---|---|---|---|---|---|
| 1개월 차 | 50만원 | | | 50만원 | 1000만원 |
| 2개월 차 | 50만원 | | | 100만원 | 1000만원 |
| ... | ... | ... | ... | ... | ... |
| 4개월 차 | 50만원 | | | 200만원 | 1000만원 |
| 5개월 차 | 50만원 | 100만원 | | 350만원 | 1000만원 |
| ... | ... | ... | ... | ... | ... |
| 12개월 차 | 50만원 | | 70만원 | 130만원 (630-500) | 500만원 (500만원 상환) |
| ... | ... | ... | ... | ... | ... |
| 16개월 차 | 50만원 | | | 330만원 | |
| 17개월 차 | 50만원 | 100만원 | | 480만원 | |
| 18개월 차 | 50만원 | | | 30만원 (530-500) | 0 원 (500만원 상환) |
| ... | ... | ... | ... | ... | ... |
| 24개월 차 | 50만원 | | | 330만원 | 0원 |

대출 상환 계획을 저축 12개월 차와 18개월 차에 각각 500만원씩 상환할 계획을 가지고 있다면 부채자산 현황 항목을 추가하여 위와 같이 활용할 수 있다.

### 월간 연금자산 현황

안락한 노후를 위해 은퇴자산을 마련하는 계획은 대부분 장기목표이기 때문에 자산을 마련해 나가는 과정에서 납입만 하고 자산의 존재를 잊는 경우가 많다. 그러나 은퇴 자산 또한 엄연히 자산의 일종이기 때문에 은퇴자산이 쌓여가고 있다라는 사실을 아래와 같은 연금자산 현황 항목을 통해 점검할 필요가 있다.

| 날짜 | 월<br>정기저축 | 월<br>연금저축 | 비정기<br>소득 | 비정기<br>지출 | 금융자산<br>현황 | 연금자산<br>현황 |
|---|---|---|---|---|---|---|
| 1개월 차 | 50만원 | 20만원 | | | 50만원 | 20만원 |
| 2개월 차 | 50만원 | 20만원 | | | 100만원 | 40만원 |
| ... | ... | | ... | ... | ... | |
| 4개월 차 | 50만원 | 20만원 | | | 200만원 | 80만원 |
| 5개월 차 | 50만원 | 20만원 | 100만원 | | 350만원 | 100만원 |
| ... | ... | | ... | ... | ... | |
| 12개월 차 | 50만원 | 20만원 | | 70만원 | 630만원 | 240만원 |
| ... | ... | | ... | ... | ... | |
| 16개월 차 | 50만원 | 20만원 | | | 830만원 | 320만원 |
| 17개월 차 | 50만원 | 20만원 | 100만원 | | 980만원 | 340만원 |
| ... | ... | | ... | ... | ... | |
| 24개월 차 | 50만원 | 20만원 | | | 1330만원 | 480만원 |

# 10

## Step5)
## 실행 및 모니터링 하기

우리는 2장의 내용을 통해서 우리의 재무목표가 무엇인지 파악하기 위해 목표를 구체화 시키는 방법을 알아보았고, 우리의 자산이 목표대비 어느 위치에 도달해 있는 지를 파악하기 위한 자산 분석 및 평가하기 방법에 대해 알아보았으며, 앞으로 목표 달성을 위한 재무 포트폴리오를 구성하여 월 현금흐름을 어떻게 유지해나갈 것인지에 대해 이야기를 나누어 보았다.

여러분이 여기까지의 내용을 여러분의 돈을 효율적으로 관리하는 데 적용하는 것이 그렇게 쉽지만은 않았을 것이다. 왜냐하면 단 한 권의 책으로 설명하기에는 돈 관리라는 내용이 워낙 방대하고, 이 책 안에서 설명된 보장자산, 투자자산, 은퇴자산에 대한 각각의 내용만 해도 책 한 권으로는 설명이 부족한 분야이기 때문이다. 그렇기 때문에 기타 재무 관련 도서나 상담을 통해서 더욱 구체적인 내용에 대해 공부해 볼 것을 권장한다.

그러나 이러한 내용들보다는 더욱 중요한 것이 있다. 바로 재무 포트폴리오를 실행하는 것이다. 아무리 좋은 재무 포트폴리오가 완성되었다 하더라도 당장 실행하지 않는 이상 의미가 없다. 또는 포트폴리오를 구성하는 과정에서 너무 오랜 시간이 걸린다고 판단이 들 경우에는 단순히 은행 정기적금으로 월 현금흐름의 50% 이상을 가입할 것을 권장한다. 여러분의 자산에 손실을 줄 것이 뻔한 포트폴리오가 아닌 이상, 무조건 하루라도 빨리 시작함으로써 우리 스스로가 불필요한 지출을 방지할 수 있게끔 하는 것이 최고의 돈 관리 비법이라는 것을 명심하길 바란다.

그리고 재무 분석을 통해 절감시킨 월 지출과 증가된 저축이 몇 달이고 몇 년이고 유지될 수 있도록 반드시 격 달이나 분기별로 점검 (모니터링)을 할 것을 권장한다.

이러한 원칙들만 잘 지켜낸다면 여러분의 재무 목표들은 예상한 대로 어렵지 않게 이루어 질 수 있을 것이다.

# 머니 레시피

## Part 03

### 돈 관리를 하면서 주의할 점

**지금까지** 우리는 효율적인 돈 관리를 하기 위한 실질적인 방법에 대해 이야기를 나누어 보았다. 우리가 왜 돈 관리를 해야만 하는지를 파악하고, 지금까지 해오던 돈 관리 방식에서 어떤 부분이 잘못 되었는지를 바로 잡아나가는 것은 매우 중요한 과정이지만, 이것과는 별도로 돈 관리를 해나가면서 우리가 생활 속에서 간과하는 부분들 때문에 계획대로 돈 관리를 수행해나가지 못하는 경우가 있다. 이러한 생활 속에서 간과할 수 있는 부분들이 어떤 것들인지를 알아보도록 하자.

# 11

# 현명한 지출에 대한
# 개념을 확실히 세우자

■

　막상 재무목표도 세우고 이를 달성하기 위해 재무 포트폴리오도 정성껏 구성하여 돈 관리를 시작하였지만, 초반에 잘 진행되던 재무계획도 얼마 후에 작심삼일로 끝나는 경우가 부지기수이다. 가장 큰 이유는 계획에 없는 소비를 하는 경우가 빈번하기 때문일 것이다. 현금흐름 파악을 통해 왜 현금흐름이 일정하지 않은지에 대해 파악이 된 후 전보다 현금흐름을 일정하게 바꿔 놓았다면 다행이겠지만, 이를 알아놓고도 바꾸지 못한다면 스스로의 소비 습관에서 문제점을 찾아야 한다. 그리고 이러한 소비 습관은 사람마다 다양하기 때문에 소비에 대해 각자가 생각하고 있는 개념을 다시 바로 잡는 것이 중요하다.

　무언가 소비를 함으로써 저축 계획에 문제가 발생하는 경우는 크게 아래와 같이 나누어 볼 수 있을 것이다.

- 큰 목돈이 드는 지출을 계획 없이 하는 경우

- 작은 지출을 너무 자주 할 경우

전자의 경우는 대부분 고가 브랜드 의류이거나 잡화 또는 가전 제품, 자동차인 경우가 많다. 준비되지 않는 여행이 너무 잦은 경우 또한 이에 해당될 수 있다. 이런 큰 목돈이 드는 지출을 하기 전에는 반드시 아래와 같이 생각을 해 보아야 한다.

'내가 지금 이 것을 위해 돈을 쓰게 되면 내 재무목표가 계획대로 이루어질 수 있을까?'

정말로 궁금하다면 자신의 재무 포트폴리오, 현금흐름표, 재무 현황표 등을 바로 꺼내서 보길 바란다. 항상 이것들을 가지고 다녀야 한다. 작성한 문서를 PDF파일이나 엑셀 파일 등으로 여러분의 스마트폰에 항상 저장해 둘 것을 권장한다.

막상 본인의 재무 포트폴리오를 확인해보니 지금 지출을 해버리면 계획한 기간 내에 재무목표를 달성하는 것이 불가능해진다는 것을 깨달았다. 그러나 그래도 이 기회가 너무 아깝다. 이 기간 내에 사야지 할인을 받을 수 있기 때문이다. 그래서 목표를 한달 정도 늦추는 셈 치고 다시 구매하는 쪽으로 맘이 기울어진다. 그럴 때 다시 아래와 같은 생각을 해보라.

'내가 지금 사려고 하는 이 것이 나의 재무목표를 희생할 만한 가치가 있는 것일까?'

막상 생각해보면 처음부터 계획되지 않은 지출은 여러분의 인생에 있어서 그다지 큰 의미를 갖지 않는다. 잠깐 동안 빠져든 환상(이것을 구매했을 때 나의 지위나 위상, 처지 등이 높아질 것이라는 착각)에서 다시 정신을 차려보면 의외로 쉽사리 포기할 수 있는 지출이었을 것이다. 잠깐의 소비 욕구만 잘 견뎌낸다면 불필요한 지출을 상당히 줄일 수 있다. 단 여기서 주의해야 할 점이 있는데, 어떤 경우에는 이 소비 욕구가 생각보다 오래갈 수 있다. 그런데 그 동안 자신이 지금 그것을 사야 한다는 자기합리화를 하는 것에 쓸데없는 노력을 들이지 않기를 바란다. 자기 합리화를 위해 노력한다는 사실 자체가 불필요한 것을 사기 위한 노력이라는 뜻밖에 되질 않는다.

'자기 합리화에 능숙해지지 말자.'

이런 노력들을 통해 자신의 충동적인 소비를 하나 둘씩 줄여나갈 수만 있다면 앞으로 펼쳐질 인생이 보다 나은 방향으로 바뀔 수 있다.

그럼에도 불구하고 충동적인 소비를 지속할 수 밖에 없다면 애초부터 지금보다 소득을 더 높이는 방법에 대해서 고민해야 할 것이다.

# 12

# 좋은 재무상담사 찾기

◼

요즘과 같이 온 국민이 돈에 대해 공부하는 것으로 열을 올렸던 시대가 없었지 않나 싶다. 믿고 맡기던 은행 저축은 저금리 시대로 섭어들며 그 매력이 예전과 같이 않아졌고, 부동산 가격이 최근 들어 떨어졌다 하지만 여전히 서민들의 주머니에는 빚지지 않고 집을 살 돈이 없다. 그렇다고 한 몸 받쳐 종사하고 있는 직장에서는 월급을 매년 눈에 띄게 인상시켜주지도 않는다. 이렇게 갈피를 잡을 수 없는 탓에, 우리는 결국 어떻게 돈을 좀더 효율적으로 모으고 관리할 수 있는지를 공부하는 대에 힘을 쏟아내야 한다. 그러나 문제는 하루의 절반 이상을 직장에서 보내야 하며, 야근이나 주말 근무가 있을 경우 여가 시간의 비중이 줄어드는 것은 너무나도 당연한 일이다. 행여나 남는 시간이 있다 하더라도 기혼자들은 그들의 가정 또는 육아를 위해 시간을 할애해야 하며 미혼자들도 결혼을 하기 위한 시간을 할애해야 한다. 결국 현대와 같이 빡빡한 삶 속에서 자기 개발을 할 시간이 턱없이 부족할뿐더러 나의 자산을 위한 공부를 할 시간은 더욱이나 부족하다. 그래서 많은 사람들의 이러한 갈증을 해소해주기 위해 다양한 재무상담사들이 존재하는 것이다.

그러나 '좋은 재무상담사'를 찾는 것도 그렇게 쉬운 일은 아니다. 우리는 이미 텔레비전이나 신문 등을 통해 특정 재무상담사들의 만행으로 인해 재무적으로나 심적으로 상처를 받은 사람들의 안타까운 사례를 접한 경험이 있다. 이 사례들의 대부분의 공통점은 무분별한 금융상품(부동산 포함)의 가입 권유에서 시작된다.

그렇다면 우리는 '좋은 재무상담사'와 '나쁜 재무상담사'를 어떻게 구분 지을 수 있을까? 이것을 알기 전에 우리나라에서 활동하는 재무상담사라는 직업의 종류와 특징에 대해서 알아볼 필요가 있다.

## 재무상담사란?

재무상담사는 사람들에게 투자, 보험, 부동산, 세금 등 다양한 재무적인 정보를 제공함으로써 사람들이 돈에 대한 궁금증이나 문제점들을 해결할 수 있도록 도와주는 전문가들을 뜻한다.

재무상담사는 그들이 속한 소속에 따라 다양한 명칭으로 불린다. 보험사 소속의 재무상담사들은 일반적으로 보험설계사라고 불리며 약칭으로는 FP(Financial Planner), FC(Financial Consultant),

LP(Life Planner), FSR(Financial Services Representative) 등으로 다양하다. 그리고 증권사와 은행 소속으로는 PB(Private Banker)라고 불린다. 예전에는 각 금융사의 재무상담사들이 판매할 수 있는 상품들이 한정되어 있었으나 지금은 재무상담사 각자 자격요건만 갖추고 있으면 펀드, 보험, 대출 등 다양한 상품을 취급할 수 있다는 점에서 금융 상담의 경계가 허물어져있는 상황이다.

## 재무상담사의 금융상품판매 자격 요건

재무상담사를 찾을 때 재무상담사의 활동 영역은 이들이 가진 자격요건에 따라서 결정된다. 각 금융상품을 판매하기 위한 자격요건은 아래와 같다.

| 취급 상품 | 자격명칭 | 자격 관리 기관 |
| --- | --- | --- |
| 생명보험사 보험 | 생명보험설계사 자격 | 생명보험협회 |
| 손해보험사 보험 | 손해보험설계사 자격 | 손해보험협회 |
| 변액보험 | 변액보험판매관리사 | 생명보험협회 |
| 펀드 | 펀드투자상담사 | 금융투자협회 |
| 채권, 주식 | 증권투자상담사 | 금융투자협회 |

위와 같이 다양한 자격증이 존재하는데 해당 자격증을 소지하지 않은 재무상담사는 그 자격증에 해당하는 금융상품을 판매할 수 없다. 판매할 수 있는 금융상품이 한정되어 있는 재무상담사일수록 상담 가능 영역 또한 좁을 가능성이 있기 때문에 한가지 종류의 금융상품에

치우쳐진 포트폴리오를 제시할 가능성이 있으니 참고하길 바란다.

## 재무상담사의 수익 구조

재무상담사가 돈을 벌기 위한 수익구조는 아래와 같다.

| 구분 | 특징 |
| --- | --- |
| 커미션 Only | 고객에게 금융상품 판매 시 발생하는 수수료의 일부가 재무상담사에게 지급되는 구조 |
| 상담료 Only | 금융상품을 판매하지 않고 고객이 오직 재무상담 만을 위한 상담료를 지급하는 구조 |
| 상담료 & 커미션 | 커미션 기반과 상담료의 수익구조가 동시에 적용됨 |

우리나라는 현재 압도적으로 커미션 Only 방식의 수익구조를 가지고 있는 재무상담사의 수가 많으며, 대부분 금융상품을 판매할 수 있는 보험사나 증권사, 은행과 같은 금융사에 소속되어 있다. 이는 별도의 상담료를 지불할 필요가 없기 때문에 금융상품에 가입되지 않는 이상 무료로 재무상담을 받을 수 있는 경우가 있다. 그러나 이런 상황에서는 반대로 재무상담사들이 상담을 위해 들인 노력이나 시간이 헛되이 되는 것이므로 이런 상황이 빈번해질 경우 재무상담사들의 소득에 큰 타격이 가해질 수 있다. 따라서 재무상담 패턴이 결국 금융상품 판매를 위한 상담으로 집중될 수 밖에 없는 것이 현실이다.

다음의 구조는 상담료 Only 방식인데 그 어떠한 금융상품도 판매하지 않고 오로지 재무상담을 위한 상담료를 통해 재무상담사들의 소득이 발생하는 형태이다. 그렇기 때문에 특정 금융상품 판매에 치우치지 않는 객관적인 재무상담이 가능하다는 점은 고객 입장에서 매우 유익한 측면이 있지만, 아직까지 우리나라에서는 변호사나 세무사와 같은 직업 군과는 달리 재무상담사가 상담료 기반으로 재무상담을 진행하는 경우가 드물며, 가능하다 할지라도 정확한 상담료 기준이 제도적으로 마련되어 있지 않다. 따라서 제도적으로 재무상담사들의 소득을 보장할 방법이 없기 때문에 고객의 입장에서 고액의 상담료를 지불하지 않는 이상 상담료 기반의 재무상담은 아직까지 우리나라에서 현실적으로 불가능한 구조인 듯 하다.

그 다음 구조는 상담료 & 커미션 방식으로 상담료와 금융상품판매 커미션을 모두 재무상담사의 소득으로 취급하는 구조이다. 명칭만 보았을 때는 고객입장에서 가장 고비용이 지불되어야만 할 것으로 보일 수도 있지만 오히려 그 반대이다. 상담료 Only 기반이 아직 우리나라에서 정착하기 어려운 구조라는 점을 감안한다면, 결국 예전과 같이 고객들은 커미션 Only 구조의 재무상담으로 인해 금융상품 판매를 위한 상담 밖에 받지 못할 것이다. 그런데 이 과정에서 소속된 금융사의 금융상품이거나 재무상담사에게 유리한 고가 수수료(고비용)의 금융상품을 판매하는 것에 집중되는 방향으로 재무상담이 진행된다면 고객 입장에서는 객관적인 상담을 받는다는 것이 현실적으로 불가능해 질 것이다. 그렇기 때문에 고안된 방식이 상담료 & 커미션 방식이다. 고객이 상담료 Only 구조 기반의 상담료보다 더욱 저렴한 상담료를 재무상담사에게 지급하면 재무상담사 입장에서는 금융상품을 판매하지 않더라도 상담에 들인 노력과 시간에 대한 보상을 받을 수 있으므로 금융상품 판매에 집중하지 않을 것이고, 금융상품을 판매하는 상황이 발생하더라도 상담료 수입으로 인해 고객 입장에서 저렴한 저비용의 금융상품을 권할 수 있는 것이다. 이 때문에 약 2000년대 초 중반 즈음부터 우리나라에도 상담료 & 커미션 방식을 추구하는 재무상담사들이 늘어나기 시작했고 커미션 only 구조의 상담에 비해 고객 입장에서 비교적 만족스러운 호응도를 얻고 있다.

## 본인의 일을 사랑하는 재무상담사인가?

다소 오글거리는 표현일 수도 있지만 여러분의 재무상담사가 본인의 일을 진정 사랑하는지를 유심히 지켜볼 필요가 있다. 필자가 생각하는 자신의 일을 사랑하는 재무설계사의 요건은 아래와 같으니 참고하길 바란다.

- 돈을 벌기 위해서가 아니라 재무상담이 좋아서 일을 하고 있는가?
- 재무상담사가 자신의 비전을 고객과 함께 공유하는가?
- 재무상담사가 업무능력 향상을 위한 자기 개발에 꾸준한가?
- 재무상담사가 고객과 1년에 최소 2회 이상의 연락을 취하는가?
- 고객의 저축을 위한 상담에 집중하는가?
- 소속된 회사를 자주 옮기는 행위를 지양하는가?

# 13

# 꿈을 포기하지 말자

■

누구나 살면서 자신의 다양한 미래 모습을 꿈꾸고는 한다. 좋은 차를 타고 있는 모습, 좋은 집에서 살고 있는 모습, 매년 멋진 해외 관광지를 누비고 다니는 모습, 풍족하고 안락한 노후를 즐기는 모습.

그러나 이러한 미래의 모습들이 깨지기 시작하는 시점은 그렇게 살기에는 현실적으로 자신이 가난하다고 생각되는 때부터이다.

당찬 신입사원으로 월급생활을 시작하고 몇 년간 월급을 꾸준히 받으면서 내 통장에 쌓이는 잔고가 생각보다 더디게 늘어난다는 것을 아는 순간 '내게 과분한 꿈을 꾸고 있었구나'라는 슬픈 깨달음과 동시에 좌절을 맛보게 된다. 이에 대한 안타까운 예로, 뜻대로 돈이 모이지 않아서 원치 않는 이사를 강요당하게 되었거나 사랑하는 사람과 결혼에 골인하지 못한 채 돈 문제로 이별을 맛보는 경우도 있을 것이며, 병원비가 부담되어 아픈 몸을 이끌고 쓸쓸히 집으로 향하는 경우도 있을 것이다. 여기서 긍정적인 성향의 소유자들은 구체적인 계획을 세우기 시작하겠지만 부정적인 성향의 소유자들은 단순히 스트레스 푸는 것에만 집중하면서 더 대책 없이 소비를 즐기게 될 수도 있다.

'어차피 평생 거지같이 살 꺼 지금을 즐기자, 그때 가서 어떻게든 되겠지'

이러지 말자. 빠르진 않지만 현실적으로 당신의 꿈을 이루게 해줄 돈 관리 방법은 얼마든지 있다. 다만 이를 이루기 위해서는 필수적인 자격 요건들이 존재하는데 일반적으로 절제, 끈기, 긍정적인 자세 등이라고 알려져 있다. 마지막으로 필자와 여러분이 함께 지켜야 할 원칙을 필자는 이렇게 표현하고자 한다.

'미래의 행복을 위해 현재의 일부 희생할 줄 아는 사람은 분명히 꿈을 이룰 수 있다. 그러므로 자신에게 펼쳐질 미래의 가치를 과소평가하여 현재의 행복을 위해 미래를 희생시키지 말자.'

# Part

# 04

## 부록: 신입사원 재무설계 사례소개

Step 1) 재무목표 세우기
Step 2) 재무현황 파악하기
Step 3) 재무현황 분석 및 평가하기
Step 4) 재무 포토폴리오 만들기
Step 5) 실행 및 모니터링 하기

## 신입사원 임 모씨의
## 현재 상황:

**2015년** 2월 1일이 되었다. 올해 대학교를 졸업하고 첫 직장을 갖게 된 27살인 임 모씨, 앞으로 돈을 열심히 모아서 행복하게 살겠다는 마음으로 돈 관리를 시작하려고 한다. 임 모씨는 먼저 학교를 다니면서 생겼던 학자금대출 1천만 원을 먼저 상환하려고 한다. 그리고 내년 여름에 부모님을 모시고 해외여행을 가려고 마음을 먹었으며, 현재 교재중인 여자친구와 4년 뒤 결혼을 할 계획이다. 그리고 40대 초반 즈음에 내집마련을 할 계획이며, 50대 중 후반 사이까지 직장을 다니게 되지 않을까 생각하고 있다. 아직 돈을 모으기 위해 어떤 금융상품을 활용해야 할지도 모르며, 지금 가지고 있는 금융상품이라고는 부모님께서 대학교 재학 중에 가입해주신 실손의료비보험이 전부인 상황이다. 임 모씨는 근검 절약하는 습관이 몸에 베어있어서 데이트 할 때 말고는 크게 돈을 쓸 일이 없는 편이며, 결혼 후 아이를 갖기 전까지는 자동차는 구매하지 않을 계획이다.

# 01

Step

# 재무목표 세우기

## 재무목표 구체화하기 [61p참조]

| 재무목표 항목 | 목표 시기 | 목표 금액 | 비고 |
|---|---|---|---|
| 학자금대출 상환 | 1년 (12개월) 내로 | 1,000만원 | |
| 부모님과의 여행 | 1년 6개월(18개월) 뒤 | 400만원 | 비행기 왕복, 숙박, 식비 지출 예상 |
| 결혼 | 4년(48개월) 뒤 | 7,000만원 | 추가적으로 필요한 비용은 대출을 활용할 계획 |
| 내집 마련 | 15년(180개월) 뒤 | 4억 원 | 서울시 내에 있는 30평대 아파트 예상 |
| 은퇴 | 30년(360개월) 뒤 | 노후 생황비 월250만원 | 기대수명 100세 예상 |

# 02

# 재무현황 파악하기

●

## 재무자료 수집하기 [64p참조]

임 모씨는 현재 유동성 자산으로 급여 통장을 가지고 있으며, 보장성 자산으로 ○○손해보험의 실비보험을 가지고 있다. 해당 실비보험의 내용을 구체적으로 확인하기 위해 아래와 같은 양식의 보험증권을 참고하였다.

| 피보험자 | 임 모씨 | 월보험료 | 20,000원 | 납입주기 | 월납 |
| --- | --- | --- | --- | --- | --- |
| 담보명 | | | 보험기간 | 납입기간 | 가입금액 | 보험료 |
| 기본계약(일반상해후유장해) | | | 80세 | 20년납 | 10,000 만원 | 4,000 원 |
| 일반상해사망 | | | 80세 | 20년납 | 10,000 만원 | 6,000 원 |
| 상해입원형 실손의료비 - 갱신형 | | | 80세 | 전기납 | 5,000 만원 | 1,000 원 |
| 상해통원형 실손의료비(외래) - 갱신형 | | | 80세 | 전기납 | 25 만원 | 400 원 |
| 상해통원형 실손의료비(처방조제비) - 갱신형 | | | 80세 | 전기납 | 5 만원 | 100 원 |
| 질병입원형 실손의료비 - 갱신형 | | | 80세 | 전기납 | 5,000 만원 | 7,000 원 |
| 질병통원형 실손의료비(외래) - 갱신형 | | | 80세 | 전기납 | 25 만원 | 1,000 원 |
| 질병통원형 실손의료비(처방조제비) - 갱신형 | | | 80세 | 전기납 | 5 만원 | 500 원 |

학자금 대출에 관한 내용을 해당 은행 온라인 뱅킹을 참고하여 아

래와 같이 재무 현황표에 기입하였으며, 현재 임 모씨가 입사한지 얼마 되지 않아서 퇴직연금은 재무현황에 포함하지 않았다. 그리고 사기업에 입사하였기 때문에 국민연금 가입자이므로 나중에 수령하게 될 국민연금을 국민연금관리공단 홈페이지에서 조회하여 만 65세부터 현재 현금가치로 매월 100만원씩 지급될 것이라는 내용을 확인하였다.

### 재무 현황표

■ 유동성 자산
(단위:만원, 날짜:YY.MM.DD)

| 소유자 | 금융기관 | 상품 | 가입일 | 만기일 | 월납입 | 평가액 | 비고 |
|---|---|---|---|---|---|---|---|
| 임 모씨 | ○○은행 | 급여 통장 | | | | 210 | |
| | | | | 합계: | | 210 | 만원 |

■ 보장성 자산
(단위:만원, 날짜:YY.MM.DD)

| 피보험자 | 금융기관 | 상품 | 가입일 | 납입만기 | 월납입 | 보장만기 | 비고 |
|---|---|---|---|---|---|---|---|
| 임 모씨 | ○○손해보험 | 굳잡 실비보험 | 2008.1.1 | 전기납 | 2 | 80세 | |
| | | | | 합계: | 2 | | 만원 |

■ 부채 현황
(단위:만원, 날짜:YY.MM.DD)

| 소유자 | 금융기관 | 내용 | 대출일 | 만기일 | 월상환금 | 대출잔액 | 비고 |
|---|---|---|---|---|---|---|---|
| 임 모씨 | ○○은행 | 학자금대출 | 2010.1.1 | 2020.1.1 | 4 | 1,000 | 연 5% |
| | | | | 합계: | 4 | 1,000 | 만원 |

## 현금흐름 정리하기

| 유 입 | | 유 출 | |
|---|---|---|---|
| 항 목 | 금 액 | 항 목 | 금 액 |
| I. 사업 / 근로소득 | | I. 저축과 투자 | |
| 본인 근로소득 | 250 만원 | 유동성 투자 | |
| 배우자 근로소득 | | 채권형 투자 | |
| | | 주식형 투자 | |
| | | 연금성 투자 | |
| 소 계 | 250 만원 | 소 계 | 0 만원 |
| II. 투자 소득 | | II. 고정 지출 | |
| 이자 및 배당소득 | | 부채 상환금 | 4 만원 |
| 부동산임대소득 | | 보장성 보험료 | 2 만원 |
| 연금소득 | | 임차료(월세) | |

|  | | | |
|---|---|---|---|
| | | 기부금/십일조 | |
| | | 부모님 지원금 | |
| | | 기타지출 | |
| 소    계 | 0 만원 | 소    계 | 6 만원 |
| **Ⅲ. 기타 소득** | | **Ⅲ. 변동 지출** | |
| 일시 재산 소득 | | 생활비 | |
| 상속 및 증여 소득 | | 주거 관리비 | |
| 기타 소득 | | 차량 주유비/교통비 | 5 만원 |
| | | 통신비 | 7 만원 |
| | | 용돈 | 60 만원 |
| | | 문화지출비 | |
| | | 육아/교육비 | |
| | | 기타 변동지출 | |
| | | 소    계 | 72 만원 |
| | | **Ⅳ. 미파악 지출** | |
| 소    계 | 0 만원 | 소    계 | 172 만원 |
| **유 입 합 계** | **250 만원** | **유 출 합 계** | **0 만원** |

# 03
Step

# 재무현황 분석 및 평가하기

## 비상자금 [81p참조]

현금흐름표를 참고해 보았을 때, 임 모씨의 매월 고정지출과 변동지출은 총 78만원이며, 최소 이의 2배치인 156만원이 비상자금으로 있어야 한다. 현재 유동성 자산인 급여 계좌에 210만원이 적립되어 있기 때문에 이미 비상자금의 적정 금액보다 조금 더 준비되어 있다고 볼 수 있다.

## 보장성 자산 [83p 참조]

임 모씨가 일반적으로 준비해야 할 보장자산으로는 사망보장, 암보장, 뇌질환보장, 심장질환 보장, 실손의료비 보장이 있다.

임 모씨 명의로 가입된 군잡 실비보험의 내용을 확인한 결과 상해

사망보장과 실손의료비 보장이 포함되어 있다. 상해사망보장도 사망보장의 일종이지만 질병으로 인해 사망할 경우 해당되지 않으니 완벽한 사망보장이라고 볼 수 없다. 그리고 실손의료비 보장은 상해와 질병을 위한 입원의료비와 통원의료비 관련 보장이 모두 적절하게 포함되어 있으므로 실손의료비 보장은 현재 가지고 있는 보험으로도 충분하다고 볼 수 있다. 다만 굿잡 실비보험에는 암, 뇌질환, 심장질환을 보장하기 위한 보장내역이 포함되어 있지 않기 때문에 임 모씨는 이 부분을 보완해야 한다.

## 저축 자산 분석 [108p 참조]

임 모씨의 투자 성향을 분석해본 결과, '위험중립형'으로 확인되었다. 그리고 현재 최대로 매월 170만원을 저축할 수 있을 것으로 판단되지만, 보장성 자산을 보완해야 할 경우 증가될 월 보험료와 차후 은퇴자산을 위한 월 저축금액을 고려해 보았을 때 매월 170만원 미만으로 저축이 실행될 수 있을 것으로 판단된다.

## 은퇴 자산 분석 [146p 참조]

임 모씨의 현재 나이와 예상 은퇴시기, 기대수명, 그리고 임 모씨가 원하는 예상예상은퇴생활 정리하였을 때 아래와 같은 그림이 나온다.

　결론적으로 27세부터 55세까지 최소 7억 5천만 원을 모아야 한다. 그렇다면 27세부터 28년간 매월 223만원씩 모아야 한다는 뜻이 되며(7억 5천만÷28년÷12개월), 임 모씨의 현재 현금흐름 상 불가능하기 때문에 지금부터는 월급의 10~20% 금액만 저축하고 차후 월급이 오를 때마다 점점 비율을 늘릴 예정이다. 그리고 차후 임 모씨 명의의 집을 담보로 주택연금을 가입하거나 직장에서 제공되는 퇴직연금을 활용하게 되면 임 모씨가 별도로 은퇴자산을 준비해야 되는 부담을 덜 수 있을 것으로 예상된다.

## 04

Step

# 재무 포토폴리오
# 만들기

## 2년간 현금흐름표 만들기 [188p 참조]

(단위: 만원)

| 날짜 | 소득 정기적 | 소득 비정기적 | 비정기적 지출 |
|---|---|---|---|
| 2015년 1월 | 월급 250 | | |
| 2월 | " | 설상여 250 | |
| 3월 | " | | |
| 4월 | " | | |
| 5월 | " | | 어버이날 부모님용돈 30 |
| 6월 | " | | |
| 7월 | " | | |
| 8월 | " | | |
| 9월 | " | 추석상여 250 | |
| 10월 | " | | |
| 11월 | " | | 부모님 결혼기념일 30 |
| 12월 | " | | |

| | | | |
|---|---|---|---|
| 2016년 1월 | " | | |
| 2월 | " | 설상여 250 | |
| 3월 | " | | |
| 4월 | " | | |
| 5월 | " | | |
| 6월 | " | | |
| 7월 | " | | 부모님과의 여행 400 |
| 8월 | " | | |
| 9월 | " | 추석상여 250 | |
| 10월 | " | | |
| 11월 | " | | 부모님 결혼기념일 30 |
| 12월 | " | | |

## 유동성 자산 [196p 참조]

현금흐름표를 참고해 보았을 때, 임 모씨의 적정 비상자금은 156만원이었지만 1년 내에 최소 60만원(어버이날과 부모님 결혼기념일에 지출될 금액, 예상치 않은 경조사비 포함) 이상이 지출 될 것으로 예상되기 때문에 약 210만원을 비상자금 적정금액으로 준비해야 한다. 따라서 입금한 해놓아도 매일 이자가 발생하고 언제든지 손실 없이 자유롭게 출금할 수 있는 CMA계좌를 개설한 뒤, 이 계좌에 현재 급여계좌에 있는 210만원을 적립할 것이다.

## 보장성 자산 [199p 참조]

'Step 3' 단계에서 임 모씨가 현재 유지중인 보험에서 부족한 보장내용으로는 사망, 암, 뇌질환, 심장질환 보장이 있었다.

먼저 사망보장을 보완할 방법을 찾기 전에 임 모씨가 사망보장이 실재로 필요할 지에 대한 고민을 해보아야 한다. 임 모씨는 현재 미혼이며 부모님께서도 충분히 자산이 있으시고 아직까지 소득이 발생하는 상황이시기 때문에 노후 준비나 생계 유지에 문제가 없으신 상황이다. 그렇다면 임 모씨가 사망함으로써 경제적인 피해를 발생할 대상이 없다고 볼 수 있다. 그렇다면 결론적으로 임 모씨는 사망보험을 지금 가입할 필요가 없다고 볼 수 있다. 물론 몇 년 뒤 결혼을 할 예정이므로 그 때를 대비하여 사망보험을 미리 가입하는 것도 좋다고 볼 수 있다. 사망 보험은 일찍 가입할수록 보험료가 저렴하기 때문이다. 따라서 임 모씨가 그 때를 대비하여 사망 보험금을 미리 준비할 계획이라면 사망 보험금을 미리 계산하여 가입할 것이고, 현재 보험료를 납입하는 것이 부담된다고 판단된다면 차후 결혼이 결정된 뒤에 그때 전반적인 재무 관련 정보를 정리하여 그에 부합하는 사망보험을 가입하면 된다.

우선은 암, 뇌질환, 심장질환을 위한 보험은 보험사에서도 다른 보장내역에 비해 보험료를 비싸게 책정하기 때문에 나이가 한살이라도 어릴 때 미리 준비하는 것이 좋으므로 이에 대한 보장 구성을 어떻게 할 것인지 고민해야 한다.

먼저 암, 뇌질환, 심장질환은 발병확률이 높으며 치료비가 많이 들어간다는 것이 특징이다. 따라서 아래와 같은 기준으로 보장내역을 구성할 것이다.

| 보장 기간 | → | 길게 |
| 보장금액 크기 | → | 크게 |
| 보험료 갱신 여부 | → | 비갱신 |
| 보험료 크기 | → | 재무상황에 맞게 |
| 보험료 납입 기간 | → | 소득기간을 고려 |

   따라서 세가지 보장의 보장 기간은 100세까지 보장으로 설정하고, 보장금액은 약 3천만 원으로 설정한다. 여기서 담보명 이름을 암진단비, 뇌질환 진단비, 심장질환 진단비 등으로 준비해야 한다. 그 이유는 병이 발병될 경우 수술이나 입원이 아닌 다양한 이유로 비용이 발생하기 때문에 보험사에서 보험금을 목돈으로 바로 지급해주는 보장을 우선적으로 준비해야 한다. 보험료는 항상 고정되어 있어야 하므로 모두 비갱신형으로 준비할 것이며, 저축 자산을 준비하는데 부담이 되지 않도록 현재 가지고 있는 실비보험의 보험료를 포함하여 월 소득의 7%인 17만5천원(월급여 250만원 X 0.07) 미만으로 책정될 수 있도록 구성할 예정이다. 그리고 보험료 납입 기간은 임 모씨가 대략 앞으로 짧게는 20년 이상 직장생활을 할 것으로 예상하고 있기 때문에 20년 납입으로 준비할 것이다.

   결론적으로 아래와 같은 보장자산을 손해보험사에 요청하여 준비할 것이다.

| 피보험자 | 임 모씨 | 월보험료 | 15만원 미만 | 납입주기 | 월납 |
|---|---|---|---|---|---|

| 담보명 | 보험기간 | 납입기간 | 가입금액 | 보험료 |
|---|---|---|---|---|
| 암 진단비 | 100세 | 20년납 | 3,000 만원 | ? |
| 뇌질환 진단비 | 100세 | 20년납 | 3,000 만원 | ? |
| 심장질환 진단비 | 100세 | 20년납 | 3,000 만원 | ? |

보험사에 요청 후 보험사로부터 월 보험료가 6만원이 될 것이라고
답변을 받았다.


### 연금성 자산 [206p 참조]

'Step3'에서 임 모씨는 자신의 은퇴 목표를 달성하기 위해 매월
200만원이 넘는 자산을 준비해야 한다는 결론이 나왔다. 그러나 임
모씨가 차후 주택연금이나 퇴직연금을 활용함으로씨 준비금액을 줄
일 수 있을 것으로 판단하였고, 지금부터는 개인연금을 활용하여 국
민연금, 퇴직연금, 주택연금과는 별도의 은퇴자산을 준비할 수 있을
것이다.

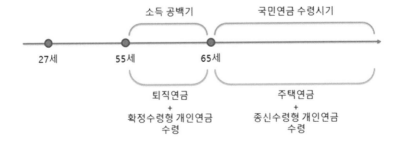

위의 그림에서 확인할 수 있듯이, 임 모씨는 55세에 은퇴하여 65세까지 소득 공백기를 겪게 될 것이며, 65세부터 평생 동안 국민연금과 주택연금을 수령하게 될 것이다. 주택연금은 종신수령이 가능하지만 차후 집을 구매할 경우 해당 집 시세에 따라 연금 수령액이 책정될 것이기 현재 이 금액을 예측한다는 것은 불가능하다. 다만 현재 시세 기준을 참고하여 대략적인 금액 정도 예측할 수 있기 때문에 4억 정도의 시세인 집으로 주택연금을 가입하였을 때 매월 어느 정도를 수령할 수 있을 지는 한국주택금융공사 홈페이지에서 확인할 수 있다. 그렇다면 55세부터 65세 사이에 어떤 은퇴자산을 활용할 것이고, 65세 이후부터 국민연금과 주택연금과는 별도로 어떤 은퇴자산을 추가적으로 활용할 것인지 고민해 보아야 한다. 임 모씨는 아래의 기준을 참고하여 개인연금 자산을 선택할 것이다.

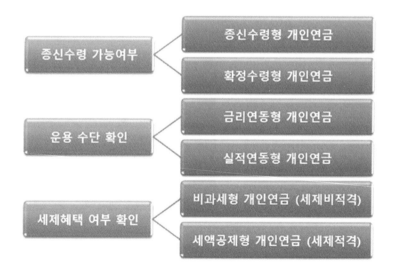

먼저 임 모씨가 은퇴시기인 55세부터 65세까지 10년 동안 수령할 수 있는 확정수령형 개인연금이 필요하고, 65세부터 국민연금과 주택연금과는 별도로 평생 수령할 수 있는 종신수령형 개인연금이 필요하다.

그리고 은퇴까지 앞으로 대략 30년 정도 남았기 때문에 운용 수단은 주식형 투자자산으로 운용되는 실적연동형 개인연금을 활용할 계획이다.

그리고 임 모씨는 현재 미혼이며 부모님들이 소득이 있으므로 연말정산 혜택을 받기 어려운 상황이다. 그렇기 때문에 연말정산 시 연초에 월급여에서 세금이 징수되는 등 불이익이 발생할 수 있으므로 세액공제형 개인연금을 활용할 계획이다.

결론적으로 임 모씨는 아래와 같은 특징들이 있는 개인연금을 활용해야 한다.

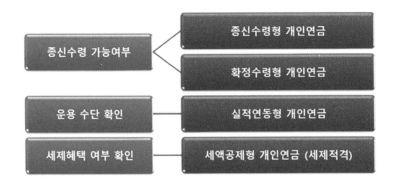

위의 기준에 부합하는 개인연금으로는 증권사의 연금저축펀드와

생명보험사의 변액유니버셜보험 또는 변액연금보험이 있다.

임 모씨는 자금 준비기간이 장기일수록 주식형 투자자산의 비율이 높아야 한다고 판단하였으며, 변액연금보험에 비해 주식형 펀드 편입비율이 높은 변액유니버셜보험을 종신수령형 개인연금으로 선택하였다. 그리고 그 이전에 소득 공백기 동안 활용할 개인연금자산으로 연금저축펀드를 선택하였다. 따라서 아래의 그림과 같이 개인연금을 활용할 것이다..

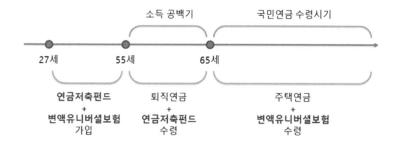

그러나 현재 월 급여로는 연금저축펀드와 변액유니버셜보험을 모두 가입하기 어려운 상황이라고 판단하여 연금저축펀드 먼저 가입하여 매월 25만원씩 납입할 것으로 결정하였다.

### 저축성 자산 [226p 참조]

현금흐름표 상으로 임 모씨는 매월 172만원씩 미파악 지출이 발생하였다. 여기서 보장성 자산을 보완할 경우 매월 6만원이 보험료로 납입될 것이며, 연금저축펀드를 가입할 경우 매월 25만원이 개인연금으로 납입될 것이므로 매월 172만원에서 이 납입금액들을 차감한 141만원이 임 모씨가 학자금 대출 상환, 결혼자금마련, 내집마련을 위해 저축을 할 수 있는 금액이라고 할 수 있다.

은퇴목표를 제외한 재무목표를 다시 확인해보자.

| 재무목표 항목 | 목표 시기 | 목표 금액 | 비고 |
|---|---|---|---|
| 학자금대출 상환 | 1년 (12개월) 내로 | 1,000만원 | |
| 부모님과의 여행 | 1년 6개월(18개월) 뒤 | 400만원 | 비행기 왕복, 숙박, 식비 지출 예상 |
| 결혼 | 4년(48개월) 뒤 | 7,000만원 | 추가적으로 필요한 비용은 대출을 활용할 계획 |
| 내집 마련 | 15년(180개월) 뒤 | 4억 원 | 서울시 내에 있는 30평대 아파트 예상 |

먼저 학자금대출 1,000만원을 12개월 내에 상환하기 위해 매월 83만원씩 저축을 해야 하고, 단기 기간 동안 저축해야 하기 때문에 정기적금을 활용할 것이다.

그리고 18개월 뒤 부모님과의 여행자금으로 400만원을 마련하기 위해 매월 22만원씩 정기적금을 활용할 것이다.

결혼자금마련 목표는 기간이 약 4년 정도 남아있으므로 중기 재무목표에 해당되기 때문에 다소 공격형 투자자산을 활용할 계획이다. 따라서 주식형 펀드와 채권형 펀드를 5:5 비율로 구성할 것이다. 한동안은 학자금대출 상환과 부모님과의 여행을 위한 저축으로 인해 매월 36만원씩만 결혼자금마련 목표를 위해 저축을 해야 할 것이다. 차후 그 두 가지 재무목표를 하나 씩 달성해 나가면서 매월 저축 금액이 높아질 것이기 때문에 하나 씩 달성할 때 마다 결혼자금마련 목표를 위한 월 저축 금액을 증가시킬 것이다.

　내집마련 목표의 경우 결혼 후 임 모씨의 상황이나 니즈가 바뀔 것으로 예상되므로 차후 결혼 후 다시 저축 계획을 세울 것으로 결정하였다.

## 최종 재무현황표 및 현금흐름표 정리 [237p 참조]

### 재무 현황표

**■ 유동성 자산**　　　　　　　　　　　　　　　　　　　(단위:만원, 날짜:YY.MM.DD)

| 소유자 | 금융기관 | 상품 | 가입일 | 만기일 | 월납입 | 평가액 | 비고 |
|---|---|---|---|---|---|---|---|
| 임 모씨 | ○○은행 | 급여 통장 | | | | - | |
| 임 모씨 | □□증권 | CMA | | | | 210 | |
| | | | | | 합계: | 210 | |

**■ 채권형 자산**　　　　　　　　　　　　　　　　　　　(단위:만원, 날짜:YY.MM.DD)

| 소유자 | 금융기관 | 상품 | 가입일 | 만기일 | 월납입 | 평가액 | 비고 |
|---|---|---|---|---|---|---|---|
| 임 모씨 | ○○은행 | 정기 적금 | 2015.1.25 | 2016.1.25 | 83 | - | 대출상환용 |
| 임 모씨 | ○○은행 | 정기 적금 | 2015.1.25 | 2016.7.25 | 22 | - | 여행용 |
| 임 모씨 | □□증권 | 채권형 펀드 | 2015.1.25 | 2019.1.25 | 18 | - | 결혼자금용 |
| | | | | | 합계: | 123 | |

**■ 주식형 자산**　　　　　　　　　　　　　　　　　　　(단위:만원, 날짜:YY.MM.DD)

| 소유자 | 금융기관 | 상품 | 가입일 | 만기일 | 월납입 | 평가액 | 비고 |
|---|---|---|---|---|---|---|---|
| 임 모씨 | □□증권 | 주식형 펀드 | 2015.1.25 | 2019.1.25 | 18 | - | 결혼자금용 |
| | | | | | 합계: | 18 | |

**■ 연금성 자산**　　　　　　　　　　　　　　　　　　　(단위:만원, 날짜:YY.MM.DD)

| 소유자 | 금융기관 | 상품 | 가입일 | 만기일 | 월납입 | 평가액 | 비고 |
|---|---|---|---|---|---|---|---|
| 임 모씨 | □□증권사 | 연금저축펀드(주식형) | 2015.1.25 | | 25 | - | |
| | | | | 합계: | 25 | | |

**■ 보장성 자산**　　　　　　　　　　　　　　　　　　　(단위:만원, 날짜:YY.MM.DD)

| 피보험자 | 금융기관 | 상품 | 가입일 | 납입만기 | 월납입 | 보장만기 | 비고 |
|---|---|---|---|---|---|---|---|
| 임 모씨 | ○○손해보험 | 굿잡 실비보험 | 2008.1.1 | 전기납 | 2 | 80세 | |
| 임 모씨 | ○○손해보험 | 3대진단자금 보험 | 2015.1.25 | 20년납 | 6 | 100세 | |
| | | | | 합계: | 8 | | |

**■ 부채 현황**　　　　　　　　　　　　　　　　　　　(단위:만원, 날짜:YY.MM.DD)

| 소유자 | 금융기관 | 내용 | 대출일 | 만기일 | 월상환금 | 대출잔액 | 비고 |
|---|---|---|---|---|---|---|---|
| 임 모씨 | ○○은행 | 학자금대출 | 2010.1.1 | 2020.1.1 | 4 | 1,000 | 연 5% |
| | | | | 합계: | 4 | 1,000 | |

# 월 현금흐름표

| 유 입 | | 유 출 | |
|---|---|---|---|
| **항 목** | **금 액** | **항 목** | **금 액** |
| **I. 사업 / 근로소득** | | **I. 저축과 투자** | |
| 본인  근로소득 | 250 만원 | 유동성 투자 | |
| 배우자 근로소득 | | 채권형 투자 | 123 만원 |
| | | 주식형 투자 | 18 만원 |
| | | 연금성 투자 | 25 만원 |
| **소  계** | **250 만원** | **소  계** | **166 만원** |
| **II. 투자 소득** | | **II. 고정 지출** | |
| 이자 및 배당소득 | | 부채 상환금 | 4 만원 |
| 부동산임대소득 | | 보장성 보험료 | 8 만원 |
| 연금소득 | | 임차료(월세) | |
| | | 기부금/십일조 | |
| | | 부모님 지원금 | |
| | | 기타지출 | |
| **소  계** | **0 만원** | **소  계** | **12 만원** |
| **III. 기타 소득** | | **III. 변동 지출** | |
| 일시 재산 소득 | | 생활비 | |
| 상속 및 증여 소득 | | 주거 관리비 | |
| 기타 소득 | | 차량 주유비/교통비 | 5 만원 |
| | | 통신비 | 7 만원 |
| | | 용돈 | 60 만원 |
| | | 문화지출비 | |
| | | 육아/교육비 | |
| | | 기타 변동지출 | |
| | | **소  계** | **72 만원** |
| | | **IV. 미파악 지출** | |
| **소  계** | **0 만원** | **소  계** | **0 만원** |
| **유 입 합 계** | **250 만원** | **유 출 합 계** | **0 만원** |

## 2년간 예상 재무현황 흐름표

(단위: 만원)

| 날짜 | 월<br>정기저축 | 월<br>연금저축 | 비정기<br>소득 | 비정기<br>지출 | 금융자산<br>현황 | 연금자산<br>현황 | 부채자산<br>현황 |
|---|---|---|---|---|---|---|---|
| 2015년 1월 | 141 | 25 | | | 141 | 25 | 1,000 |
| 2월 | 141 | 25 | 250 | | 532 | 50 | 1,000 |
| 3월 | 141 | 25 | | | 673 | 75 | 1,000 |
| 4월 | 141 | 25 | | | 814 | 100 | 1,000 |
| 5월 | 141 | 25 | | 30 | 955 | 125 | 1,000 |
| 6월 | 141 | 25 | | | 1,096 | 150 | 1,000 |
| 7월 | 141 | 25 | | | 1,237 | 175 | 1,000 |
| 8월 | 141 | 25 | | | 1,378 | 200 | 1,000 |
| 9월 | 141 | 25 | 250 | | 1,769 | 225 | 1,000 |
| 10월 | 141 | 25 | | | 1,910 | 250 | 1,000 |
| 11월 | 141 | 25 | | 30 | 2,051 | 275 | 1,000 |
| 12월 | 141 | 25 | | | 2,192 | 300 | 1,000 |
| 2016년 1월 | 141 | 25 | | 1,000 | 1,333 | 325 | - |
| 2월 | 141 | 25 | 250 | | 1,724 | 350 | - |
| 3월 | 141 | 25 | | | 1,865 | 375 | - |
| 4월 | 141 | 25 | | | 2,006 | 400 | - |
| 5월 | 141 | 25 | | | 2,147 | 425 | - |
| 6월 | 141 | 25 | | | 2,288 | 450 | - |
| 7월 | 141 | 25 | | 400 | 2,029 | 475 | - |
| 8월 | 141 | 25 | | | 2,170 | 500 | - |
| 9월 | 141 | 25 | 250 | | 2,561 | 525 | - |
| 10월 | 141 | 25 | | | 2,702 | 550 | - |
| 11월 | 141 | 25 | | 30 | 2,843 | 575 | - |
| 12월 | 141 | 25 | | | 2,984 | 600 | - |

# 05

# 실행 및 모니터링 하기

●

　　　'Step4)' 에서 최종적으로 구성한 포
트폴리오를 실행하기 위해 해당 금융사에 상품가입을 요청하고, 3개
월에 한번씩 '2년간 재무현황 흐름표' 와 같이 사산상태가 운용되고
있는지를 체크한다. 만약 그렇지 않을 경우 'Step4' 를 다시 진행하
여 장기적으로 지킬 수 있는 재무 포트폴리오를 새로 구성한다.

# "여러분 모두 인생에서 경제적인 평화를 마음껏 누릴 수 있을 날이 오길 바란다"

지금까지 이 책을 통해 독자 여러분들께 돈관리에 관한 다양한 이야기를 나누어 보았다. 우리가 왜 일찍부터 돈관리에 관심을 가져야 하는지, 효율적으로 돈을 관리하기 위해서 재무목표와 재무현황을 어떻게 점검해야 하는지, 그리고 앞으로 재무계획을 어떻게 수행해 나가야 하는지에 대해서 꼼꼼히 살펴보았다.

이 책을 통해 지금까지 여러 가지 내용을 설명하였지만 결론은 하나이다.

'최대한 잃지 않고 돈을 모으기 위해서는 자신의 상황에 맞는 금융상품을 선별하는 능력을 키워야 한다.'

물론 기존에 이에 대한 내용을 설명하는 다양한 금융서적이 존재한다. 하지만 이를 어떻게 수행해야 할 지 구체적인 절차를 제시하는 책이 많지 않다는 생각이 들었고, 가전 제품을 살 때 제공되는 제품설명서와 같이 돈 관리를 효율적으로 수행하기 위한 절차서를 만들어 보고 싶은 마음에 이 책을 집필하게 되었다. 이제 재테크라는 것을 좀 해봐야겠는데 어디서 어떻게 무엇을 할 지 모르겠다면 이 책으로 시작할 것을 권장한다.

하지만 이 책만으로는 여러분이 알아야 할 내용을 공부하기에는 부족하기 때문에 상담을 통해 더욱 구체적인 부분까지 집어나가길 바란다. 그 과정에서 금융 상담사를 찾는 과정에서 또 다른 실수를 반복하지 않아야 할 텐데 수 많은 사람들이 실수 하는 사례에 대해 아래와 같이 정리해 보았다.

상담사가 투자상품을 자주 교체해주지 않으면 관리 받지 못한다고 생각한다. 그러나 매우 잘못된 생각이다. 상품 교체가 잦을수록 수수료 발생 빈도도 높아질 테니 고객 입장에서는 매우 불리하다.

자신의 상담사가 고액연봉자가 아닐 경우 능력 없는 상담사라고 생각한다. 물론 상담능력이 뛰어나고, 상담을 통해 이득을 본 고객들이 많기 때문에 수많은 소개를 통해서 해당 상담사가 고액연봉자가 되었을 가능성도 있지만, 단순히 사업비나 수수료가 비싼 금융상품만 판매해서 고액연봉자가 되었을 지도 모르니 상담사의 소득에 너무 집착하지 말 것을 권장한다.

고수익을 제공해준다고 하는 금융상담사는 두세 번쯤은 의심해봐야 한다. 많은 사람들이 수익률은 보장받을 수 없다는 것인지 이성적으로 알면서도 이것을 해준다고 하면 철썩 같이 믿어버린다. 필자가

고3 수험생이었을 때의 일이다. 수능시험 직전 국영수 총정리 강의를 듣게 되었는데 총 4일 과정이었다. 당시 수능 시험이 400점 만점일 때였는데, 이 강의들만 들으면 200점이나 올릴 수 있다는 것이다. 다들 그냥 웃으면서 설마 그러겠어 하면서 강의를 들었다. 그런데 그 중의 한 강사가 수능 점수를 단기간에 100점 이상 올리는 것도 불가능하기 때문이라며 30점 정도 올리는 것을 목표로 열심히 해보자고 솔직하게 말하면서 강의를 하였다. 그런데 반 분위기가 '저 선생은 능력이 없나 보구나.'라는 식으로 바뀌며 수업 참석률이 절반 이하로 떨어졌다. 그리고 다시 100점 이상씩 올려주겠다고 한 나머지 강사들의 수업에 학생 전원이 참석하였다. 4일만에 고득점을 보장해주겠다는 것이 속으로는 황당하면서도 수능 시험이 얼마 안 남은 수험생들의 입장이어서 그런지 지푸라기라도 잡자는 심정이었던 것이다. 결과는 뻔했다. 사람들이 유혹에 쉽게 빠져드는 이유는 이와 똑같은 이유에서이다. 확정된 고수익 실현이 현실적으로 불가능하다는 것을 알고 있음에도 불구하고 평상시에 평상 시에 이런 상황을 간절히 원했기 때문에, 사기꾼들은 사람들의 이런 심리를 정확히 파악하여 간지러운 부분을 잘 긁어줄 수 있도록 이런 나약함을 공략하는 것이다. 결론적으로 손해는 고스란히 고객에게 있을 것이다.

위와 같은 점들만 잘 참고해서 여러분들 스스로 현명하게 좋은 재무상담을 이루어나감과 동시에 여러분들 스스로도 현명한 금융 소비자가 될 수 있다면 앞으로 보다 나은 삶을 이루어 나갈 수 있을 것이다.

필자와 여러분 모두 인생에서 경제적인 평화를 마음껏 누릴 수 있을 날이 오길 바란다.

저자 **임형석** 올림

# 머니 레시피

| | |
|---|---|
| **초판인쇄** | 2015년 1월 30일 |
| **초판발행** | 2015년 2월 5일 |
| **지은이** | 임형석 |
| **발행인** | 방은순 |
| **펴낸곳** | 도서출판 프로방스 |
| **표지 & 편집 디자인** | Design CREO |
| **일러스트** | 서설미 |
| **마케팅** | 조현수 |
| **ADD** | 경기도 고양시 일산동구 백석2동 1301-2 |
| | 넥스빌오피스텔 904호 |
| **전화** | 031-925-5366~7 |
| **팩스** | 031-925-5368 |
| **이메일** | provence70@naver.com |
| **등록번호** | 제396-2000-000052호 |
| **등록** | 2000년 5월 30일 |
| **ISBN** | 978-89-89239-94-9 03320 |

정가 15,000원